ヘンリ・ナウエンに学ぶ

共苦と希望

平山正実・堀　肇 編著

聖学院大学出版会

はじめに

日本のキリスト教界において、『傷ついた癒し人』の出版を契機にヘンリ・ナウエンの名が知られるようになってから、もう三十年以上にもなります。初期のころは一部の人に限られていましたが、近年はその名を知らない人がいないほどになりました。キリスト教書店でも、「ナウエン・コーナー」なるものが設けられているほどです。とりわけ『傷ついた癒し人』などは、今も多くの神学大学・神学校などで使われており、筆者も大学の牧会心理学の授業の参考書としてこの書を用いてきました。ナウエンの著作は、キリスト者生活における霊性形成（スピリチュアルフォーメーション）に大きな影響を与えてきたことは確かです。また近年、矢継ぎ早に邦訳出版され、それまで彼の霊性や黙想などにあまり関心を持たなかったような人たちも、著書の一冊ぐらいは読んでいる時代となりました。

ナウエンをめぐるこうしたキリスト教界の状況下にあって、二〇一二年、私がかかわっている聖学院大学総合研究所・カウンセリング研究センターの所長であった平山正実氏（昨年一二月に逝去）からご相談がありました。それは「臨床死生学研究のシンポジウムで一度はナウエンを取り上げてみたいが、どう思いますか」というものでした。私はその提案に即座に賛成しました。それは、今ではナウエンの著作が広まり、ファンと言ってよい人たちも多くなり、あちこちで学び会のようなものも開かれている状況ですが、大学の研究機関のような所で、彼の思想や霊性理解の客観的な分析とまではいかなくても、専門的な立場からの講演会やシンポジウムが開かれればいいのではないか、と日頃から思っていたからです。

そんなことから企画が進み、二〇一三年二月十三日に「ヘンリー・ナウエンに学ぶ苦しみと希望――祈り、共苦、コミュニティ」と題して、聖学院大学四号館大教室でシンポジウムが開催されたのです。開会の言葉を阿久戸光晴氏（聖学院大学学長・聖学院理事長兼院長）からいただいた後、主題講演者として大塚野百合氏（恵泉女学園大学名誉教授）、パネラーとして小渕春夫氏（出版社あめんどう代表）と平山正実氏（聖学院大学大学院教授）がそれぞれの専門的な立場からお話しくださり、筆者がナウエンについて若干のコメントを交えるかたちで総合司会をさせていただきました。幸い集会は有料にもかかわらず予想どおり盛況で、牧師、カウンセラー、教員、施設職員、会社員、主婦、大学院生など、さまざまな分野の方々が大教室が一杯になるほど出席してくださいました。

さて、この度、念願かなってようやく出版されることになった本書は、このシンポジウムでの講演・発題をもとにまとめた第I部に論文を加えた二部構成となっています。ナウエンの著書は邦訳だけでも三〇冊ほども出ていますが、彼の人間性や思想、また信仰や霊性について論じたものは意外に少ない実情を考えますと、本書は、今までナウエンについて学んでこられた方にとっては、ナウエン理解の整理や振り返りの助けとなるとともに、新しい発見や気づきも与えるものになると思います。また、これから学ぼうと思っておられる方には、本書はよい案内書になるのではないでしょうか。

ここで、Henri Nouwen という名前の日本語表記について、皆様にご了承いただきたく、一言ご説明いたします。彼の名前はアンリ・ヌーウェンにはじまり、翻訳者によっていくつもの異なった表記で紹介されてきました。こうしたことは翻訳書において普通に見られることです。現在も出版社によって違いはありますが、一般には「ヘンリ・ナウエン」と表すことが多くなってきており、キリスト教関係の新聞各紙もこの表記を使っています。そこで、本書でも「ヘンリ・ナウエン」で統一させていただくことにいたしました。

最後に、本書の出版を楽しみにしておられた平山正実氏のナウエンその人に関する洞察について、筆者の思い出に残った一言を書き記し、先生への感謝の言葉とさせていただきたいと思います。

シンポジウム開催について、先生と打ち合わせをさせていただいた折、お会いする前に頼まれていたナウエンの文献一覧表を、少し解説を加えてお渡ししました。先生はまだ読んでいないものを読み、シンポジウムに備えようとされたのだと思います。その熱心な研究態度もさることながら、さすがに臨床家だと思わされた、印象的な思い出となることがあったのです。

それは、シンポジウムのレジュメの冒頭に「ナウエンは、光と闇の境界線に生きる聖職者」であったと記され、そのように生きようとすれば、「現実の生は当然、緊張と葛藤、分裂の危機にさらされることになる。そのため彼は一瞬一瞬、不安定で綱渡り的な行き方を自らに課することになる」という分析です。平山先生はナウエンの著書を読んですぐそれがおわかりになったのです。

このような優れた洞察を瞬時にされる先生が亡くなられたことは、本当に残念で寂しいことですが、本書が先生の企画されたシンポジウムの結実として世に出ることになったことは、せめてもの慰めです。本書が、お読みになる方々に、新しい気づきと洞察、また直接、間接に心と魂への配慮（ケア）を与えるものともなりますなら幸いです。

二〇一四年二月

堀　肇

目　次

第I部

現代に問いかけるナウエン

大塚　野百合

一　ナウエンとの出会い

今日は、ヘンリ・ナウエン（Henri, J.M. Nouwen, 1932–1996）について考えますが、ナウエンのことを知らない方にもわかるようにお話ししたいと思います。

まずはじめに、私がナウエンと出会って、どんなに私の人生が変わったかという話をしたいと思います。

一九八二年から翌年にかけて、米国のイェール大学神学部に研究員として留学したことが奇縁となって、世界のキリスト教界で霊的指導者として驚異的な影響力をもっているヘンリ・ナウエンと彼の著書をとおして出会いました。先ほど、私がイェール大学の神学部でナウエンの薫陶を受けたとご紹介いただきましたけれども、私がナウエンに会ったのはたった二〇分の説教です。そのことを私は日記に書いておりますけれど、一九八三年三月三十一日、洗足木曜日（復活祭前の木曜日）の午後九時からの特別礼拝でした。そのとき、二〇分の説教を伺いました。説教の中で、ナウエンは、私たちの経験する悲しみ、苦しみを神様はすでに全部経験していらっしゃる、神様がご存じない私たちの苦しみは何一つない、ということを語ったのです。

ある時、ナウエンがこの話をしたら、それを聞いていた女性の顔色が変わった、ということがあったそうです。彼女はつらいことがあって死にたいと思っていた。自分の苦しみを自分一人で負っていると思っていたけれど、神様が私の苦しみを全部負ってくださるのかと思ったら、心が軽くなって、彼女は自殺するのをやめた。そういう話をナウエンはされました。

ほかにもいろいろなことを語られたのですけれど、私はそのことだけ覚えておりまして、私の日記に先生の言葉を英語でそのまま書きました。それほどナウエンの言葉は私にとって印象的でした。そして、このことは、彼が自分の生き方、またその書物をとおして私たちに訴えかけたことなのです。

私はその後、彼の著作をとおして深い霊的な励ましを受けました。帰国後も彼の書物を読んできましたが、とくに現代においてキリスト者としてどのように生きればよいか、について教えられました。ナウエンのどういう本に影響されたか、何を与えられたか、これからお話ししていきます。

二　ナウエンの著作から与えられたもの

神を利用する罪

まず、ナウエンがニューヨーク州のジェネシーにあるトラピスト修道院で書いた祈りの本、『主の憐れみを叫び求めて』（*A Cry for Mercy: Prayers from the Genesee*）(1)について述べます。実は私はナウエンの本を全部英語で読んでおります。私は英語の教師でしたから、読めるのは当たり前ですが、皆さんにもぜひお願いしたいと思います。高校を卒業した英語力があって、辞書があって、訳本があったら、原書を買ってお読みください。ナウエンの魂の鼓動が響いてきます。

『主の憐れみを叫び求めて』を私は毎日毎日読みました。いろいろなところに私は衝撃を受けたのですけれど、とくに衝撃を受けたのは、「神を利用する罪」という言葉です。神様を利用する罪なんて聞いたことがありませんから、驚きました。ナウエンはイェール大学の神学部で一九七一年から十年間教えました。その後、南米の人たちの苦しみをどうしても自分は負わなければいけないと考え、イェール大学をやめ、南米ボリビアで語学を学んでペルーの宣教師になりました。しかし、宣教師にはふさわしくないことを悟って戻ってきたのです。

私がイェール大学に研究員として留学したのは一九八二年でしたから、ペルーに行ったナウエンとちょうど入れ違いになりました。しかし、彼の本を読むことによって、彼が何を私たちに訴えたいかわかったのです。

ナウエンは一九七二年、すなわちイェールに勤めた二年目に、『傷ついた癒し人』（*The Wounded Healer: Ministry in Contemporary Society*）(2)という本を書いてキリスト教界にデビューしたのです。みんなが彼の本を読んで、キリスト教をこのように説明する人がいるのかと、びっくり仰天しました。ところが、ナウエン自身は、自分のことを本当に神様は喜んでくださるか、私はここで学生たちにキリスト教の霊性（スピリチュアリティ）に関して講義をしているけれども、私は本当に神様に従っているのかどうかと、ものすごく悩んでいました。そこで、一九七四年と一九七九年にそれぞれ半年、ジェネシーのトラピスト修道院で黙想の日々を送りました。それらの日々の心の記録が一九七六年に『ジェネシー・ダイアリー』（*The Genesee Diary: Report from a Trappist Monaster*）(3)となり、一九八一年には『主の憐れみを叫び求めて』として結実しました。

『ジェネシー・ダイアリー』の七月十二日に、ナウエンは「人々の喝采を求める誘惑」について書いています。自分は人生において成功してスターになりたい、人々の注目を引きたいという欲求に駆られていたのではないかと。その後、彼はハーバード大学に呼ばれます。

ハーバード大学、イェール大学といったら天下の名門ですね。私はハーバードを出たのよ、ちょっと一年ぐらい行ったって、私はハーバードで学んだのよとみんな威張るらしいです。残念ながら、私はハーバードに行ったことはございません。イェールといっても私は客員研究員ですから、別にそこで単位を取ったわけではありません。ところで、ナウエンはそのイェール大学やハーバード大学で教え、すばらしい本を書いて、みんなに褒められていたけれども、神様を自分の名誉のために利用しているのではないかと、ものすごく苦しみました。私は神様を褒めたたえる賛美歌について何冊か本を書いています。ちょっといい気になっていたんです。私も神様を利用しているのではないかと反省しました。ナウエンは「あなたも神様を利用していないか」と、しょっちゅう私の頭をぶん殴るんです。本当に私は「神を利用する罪」というのを生まれて初めて教えられました。

聖霊の力

この『主の憐れみを叫び求めて』の第四章で、聖霊について彼はこう書いています。

「キリストの聖霊が助けてくださるのでなければ、私たちは、祈ることはできません。キリストの聖霊が私たちにこの世のものでない平和と喜びを満たしてくださるのでなければ、私たちは平和と喜びを創りだすことはできません。私たちは人種、性別や国々を分けている多くの障壁をうち破ることはできません。キリストの聖霊のみがすべてを包みこむ神の愛において、すべての民を一致へと導きたまいます(4)」。

私はこれを読んで衝撃を受けました。ちょうどブッシュ大統領がイラクに先制攻撃を行ったときでした。二〇〇三年三月二十日のことです。そのような時に、聖霊のみが本当の平和をつくり出すことができる、すべての民を一致へと導くことができると教えられました。

そして、ペンテコステ（聖霊降臨日）の祈りがあります。

「あなたの聖霊なしには、私たちは何の力もないものですが、あなたの聖霊とともに、また聖霊において、私たちは世界を革新することができます(5)」。

私は牧師の娘に生まれましたが、聖霊というのは何か、長い年月わからなかったのです。それがわかったことは、あとで述べます。

聖霊がわからないと、キリスト教会は本当の教会になれないのです。経済学者で日本のキリスト教の指導者だった隅谷三喜男先生は、日本の教会は聖霊を理解していない、だから日本の教会は弱いのだということを何度もおっしゃったのです。

ナウエンはハーバード大学でも教えます。しかし、ハーバード大学をやめて、カナダのトロント郊外のデイブレイクにある知的なハンディのある成人の共同体であるラルシュ（フランス語で方舟の意）で働くようになります。この世界的な組織の支所の牧師として、十年働き、天に召されました。

そのラルシュというのはどういうところか、また、ラルシュを始めたジャン・バニエ（**Jean Vanier**）がどういう人かは、今日は時間の関係で取り上げられませんので、私の書いた『あなたは愛されています――ヘンリ・ナウエンを生かした言葉(6)』を読んでいただきたいと思います。

ジャン・バニエが設立した知的ハンディのある人たちの施設は世界何十カ国にありますけれども、パリの北のトロリー村という小さな村に本部を置いています。そのコミュニティー（ラルシュ共同体）は成長していきました。ところが、バニエは、知的ハンディのある人ばかりでなくて、その母親たちがものすごい苦しみを感じていることを知りました。それで、その母親たちのために、「信仰と光のグループ」という会を方々に開設したのです。

ある町に行って彼が講演しましたら、その町に、知的ハンディのある人たちのお母さんが集まって「信仰と光のグループ」という会ができました。そのことに関してジャン・バニエはこういっています。「聖霊が働いて私が去った後、そこに信仰と光というグループができた」。この一文で私は聖霊がわかったのです。

すなわち、聖霊というのはどういうときに働くかというと、私が生きているのと無関係に天から奇妙な光がぱーっと射してくる、というのではないのです。人間が現実の世界にあって一番苦しんでいるとき、本当に神様に頼る以外何もできないと思うときに、神様の霊が働いて、ある出来事が起こる。それを起こすのが聖霊なのです。英語で'**something happens**'という表現がありますが、これはいい言葉ですね。聖霊が本当に働くと「何事かが起こる」のです。

私たち日本のクリスチャンは、いろいろなことを祈りますね。困ったときに祈るけれども、ちっとも変わらない。日本のキリスト教は伸びない。なぜ伸びないか。それは、聖霊が働いて私たちの間に来ると必ず何かが起こる、その何かが起こることが起こっていないのです。というのは、私たちの信仰が頭でっかちの信仰で、自分は信じていると思っているけれども本当は信じていない、それで聖霊というものがわからないのだ、ということが私にわかりました。それで私は肩の重荷がおりました。これはまだ本に書いていないので、そのうち書かなければいけないと思っております。

皆さん、聖書の中でわからないことがありますね。わからないことはいいかげんにしないで、わからない、わからないと本気で悩んでごらんなさい。ある時、ああ、そうかと、神様が教えてくださいます。

ナウエンはすごいことを書いていますね。聖霊は私たち人間を変えるだけではなくて、世界を革新することができる、と述べています。すごいですね。

少し前のことになります。一九五四年にヴィサー・トーフトというオランダの人が書いた『教会の革新』という本が出版されました。その本には、「教会は聖霊によって不断に新たにされ、神への反抗と、自己中心の罪を悔い改めるのでなければ死滅するのである」[7]ということが書いてあったのです。

私は心配していることがあるのです。欧米のキリスト教は死滅しかかっています。イギリスでも、ドイツでも、教会へ行く人が減少しています。アメリカのキリスト教は、キリスト教の中心から外れた世俗的なキリスト教になっている。これは大変なことです。日本のキリスト教徒は少数ですが、そこで私たちが聖霊によって新たにされたら、日本のキリスト教は強くなると私は思っています。何か今日は皆さんをおどしに来たみたいですね。（笑）聖霊を受けないと教会は死滅してしまう。これは本当なのです。私がいっているのではないですからね。

ナウエンはラルシュに勤めました。ラルシュというところで彼がどのような生活をしたのかは、『アダム――神の愛する子』(8)に書かれています。彼はアダムという二五歳の最高に不幸な人間の世話をしたのです。毎日てんかん発作を起こして、体が不自由、ものが言えないアダムを前にして、ナウエンは途方にくれましたが、まもなくアダムとの間に深い友情が生まれました。これは奇跡です。知的ハンディのある人たちは、ナウエンが世界的なベストセラーを書いた人だということを知らないわけです。何も知らない。本なんて読めない。ところが、アダムとナウエンの間に美しい愛の交流ができた。これはすごいことですね。アダムを毎朝七時に起こして、着替えをさせ、浴室につれてゆき、キッチンで食事をさせ、車椅子でデイ・プログラムのセンターにつれてゆく。この仕事を毎日続けるうちに、ものが言えないアダムが体で示す言葉をナウエンは理解しはじめました。アダムの心に満ちていた平安は、ナウエンに「神の無条件の愛」を示したのです。ナウエンはアダムを「友、教師、そしてガイド」と呼ぶようになったのです。

『傷ついた癒し人』

『傷ついた癒し人』が日本で一九八一年に出版されたときは、日本の牧師や教師たちに衝撃を与えました。そこで彼がいっているのは、牧師にとってもっとも必要なことは、深い神学的教養でも心理学的な知識でもないということです。心に傷のある人を癒やすには、神学的な教養とか心理学的な知識が必要だと私たちは思いますね。ところが、そうは書いていないのです。ナウエンは、牧師自身が深い苦悩を感じて傷ついていることが必要だというわけです。癒やそうとする人自身が傷ついている必要がある。すなわち、上目線から相手を直そうとするのではなくて、同じ目線で、私も傷ついているということが必要だというのです。

では何に傷つくのか。牧師、そして人のケアをする人たちが何で人間として傷ついているのか。彼はこういいます。人間のもっとも深い問題は孤独だということです。ナウエンほど孤独のつらさを感じた人はいません。

ナウエンは心の中に二つの大きな問題を抱えていました。一つは、彼には同性愛的な傾向があったことです。もう一つは、彼は愛情依存症ともいうべき性質をもっていたことです。どんなに愛されても、足りない、足りない、それでは足りないと感じる。愛情依存症というのは心理学的な言葉ではなくて、きっと彼がつくった言葉ではないかと私は思うのですけれども、愛情依存症という弱さがあったのです。

日本で出版された『傷ついた癒し人』には ***The Living Reminder***（イエスを想起させる人間）[9]（岸本和世訳『生きた想起者』）という別の本も一緒にまとめられました。この本においてナウエンは、牧師を「主イエスを想起させる人間」と定義しています。それは、牧師が聖人のような人間になれ、という意味ではありません。牧師が人間の苦悩を神の苦悩に結びつけて、主イエスを想起させる人間になる、ということなのです。その「癒し」について述べている箇所で、彼はいいます。人間の傷が神ご自身の苦しみと密接に関係していることがわかるとき、癒やしが実現すると。私たちの小さな苦しみと、主イエスにおいて神が経験したもうた大きな苦しみとが関係づけられて、初めて私たちに癒やしがもたらされるというのです。

ナウエンは実例として、マルティン・ルターがドイツ南部の領邦のザクセン選帝侯フリードリヒ三世に送った手紙を引用しています。ザクセン選帝侯は非常に立派な領主でしたが、重病にかかっていました。ルターは、「閣下が病であられるときに、キリストも閣下のなかにあって、病に苦しんでおられるのです」と書いて、次のように述べたのです。

「キリストが閣下の肉体から私に叫んでおられるのです。『みよ、私は病んでいる』**"Behold I am sick."** と。なぜなら病などの災いに襲われると、私たちキリスト者は、自分だけが苦しんでいると思うのですが、実は救い主であるキリストご自身が、その苦しみを担っていてくださるのです。なぜなら私たちは主のなかに生きているからです[10]」。

私は、がんになってこれまで七回入院しました。入院しているときに、イエス様が私と一緒にがんを患っておられるなんて全然考えませんでした。世の中ではたくさんの人ががんで入院し悩んでいますね。ところが、自分一人ががんにかかって苦しんでいると思ってしまう。そうでしょう。ちょっとつらいことがあると、私一人だけが世界で苦しんでいる悩んでいると思う。そうではないのですね。キリストが私と一緒に病気を苦しんでくださる。ルターからその手紙をもらった領主のザクセン選帝侯は、きっとこの手紙によって非常に大きな慰めを感じたと思います。

『憐れみについて』

一九八二年に、『憐れみについて』(11)という本をナウエンは書きました。友人二人と神様の愛、憐れみについてディスカッションをし、それをまとめたものです。この『憐れみについて』もぜひ皆さんに読んでいただきたい本です。

日本という社会の一番大きな問題は何か、ひとことでいうと競争社会であることです。日本で今いじめが問題ですね。弱い人々をいじめる。スポーツでは体罰が問題ですね。何が何でもオリンピックに行ったら金メダルをとれ、金メダルをとるために人間は生きているという、その人間観が間違っているのです。私が文部科学省の大臣だったら、その人間観から変えなければいけない、金メダルをとるために人間は生きるのではないということを私は言いたいですね。ここで言っても、少しの人しか聞けませんけど、日本中の人に私は言いたい。何しろ日本は競争社会なのです。勝ち組にならなければいけない、負けてはいけない。それで日本の社会は大きなひずみをもっているのです。

ところが、イエス・キリストは、私たちに、苦しんでいる人たちに本当の愛を注ぐということを教えてくださいました。「イエス様が憐れまれた」という言葉が聖書のあちこちにあります。そこに使われているギリシャ語が「*σπλαγχνίζομαι*（スプランクニゾマイ）」です。皆さん、ギリシャ語を一つだけ覚えてください。ご一緒に。スプランクニゾマイ。

ナウエンは、主イエスの人間に対する憐れみ、激烈な愛を示すギリシャ語である「スプランクニゾマイ」について説明しています。マタイによる福音書九章三六節「また、群衆が飼い主のいない羊のように弱り果て、打ちひしがれているのを見て、深く憐れまれた」（新共同訳）の「深く憐れまれた」に用いられているスプランクニゾマイについて述べています。

スプランクとは内臓をさし、スプランクニゾマイとは、「はらわがちぎれるほどに激しい」といわれるような「激烈な感情をもって憐れむ」ことです。そのような憐れみに満ちている主イエスを、ナウエンは次のように表現しています。

「主イエスの心が、憐れみ、コンパッションの思いに満ちたとき、すべての生命の源《みなもと》が振動し、すべての愛の基盤が突如口を開き、神の無限の計りがたい優しさが、それまで潜んでいた深淵から噴き出したのです」[12]。

憐れみは神ご自身の性質である。人間は神の愛を知ることによって、本当の憐れみ、激烈な愛をもつことができる。神なしの憐れみは、高みから見下ろす同情であり、それは競争意識の現れにすぎない。そうナウエンはいうのです。

現代の恐るべき孤独

先ほど、私たちの一番大きな問題は孤独だと言いました。お金がなくて貧しい生活をするのもつらいです。しかし、お金が豊かであっても、家族がたくさんいても、孤独はどうにもならない。孤独を感じるとき、皆さんはどうしますか。携帯でメールしますね。ある女優さんは携帯を四台もっていて、一度に三台使っているそうです。スマホ漬けという新しいお漬物ができたみたいですね。(笑)

現在の日本で多くの人々が「ネット依存症」という心の病にかかっています。一人でいることが怖く、なるべく多くの人とネットでつながることを試み、育児放棄をする母親や、勉強に心が向かず、中途退学する学生が増えています。私は電車の中で、前に座っている若者のほとんどがスマートフォンなどを夢中になって見ている様子に接して、「これは大変な状況だ!」と心を痛めて考えるのです。

この人たちは一生こうやって人生を送るのか、上を向いて、「神様、どうか私を愛してください。

憐れんでください」と祈ることを知らないで、これだけで人生が終わるのかと。

一九七五年にナウエンは、『差し伸べられる手——真の祈りへの三つの段階』(13)を書きました。そこで彼は、孤独が現代の恐るべき苦悩であると強調しています。孤独の中で悩んでいる人間は、友人、恋人、夫や妻が孤独から救ってくれるのではないかと、愛にすがりつくのです。ところが、そのような状況では友情も愛も育たないのです。本や、仕事にすがりつくことも、私たちを救うことはできないのです。

大事なことは、孤独の中で、祈りにおいて神と深い交わりをもつことです。その時、私たちは神の前で一人で静まる静寂——ソリチュード(solitude)——において、自分の魂の奥底に到達し、隣人と深い愛で結ばれることができるのです。神の前で一人で静かに祈ること。これこそ現代病である孤独に勝つ道なのです。

ナウエンの時代にはスマホ漬けはなかったから、今日の孤独のほうがもっとすごいはずです。ネットだけでつながることは、人間性を損なってしまうのです。家族でありながらネットでつながっている人がいるそうです。夫婦でも、口で言えないことをネットで言う。そのうちにものすごく魂のいびつな人間が現代社会に生まれてくると思います。ですから、私は絶対にスマホは買わないと決意しました。(笑) 私は携帯をもっておりますが、妹と連絡するだけであとは使わない。あとはパソコンでメールするだけです。

ところで、メールしてもなかなか返事が来ないときがありますね。ちょっと聞いた話ですけれど、女子高生がメールして、一時間以内にメールの返事が来ないといらいらするそうです。そうすると「ＡＴＭ」と送るそうです。何だと思ったら、あなたの便りを待っていますということだそうです。（笑）ここでは、本当の交わりが欠けている。そこに人間としての根本的な問題が隠されている。もしナウエンが現代に生まれ直してきたら、彼は、こういうスマホ漬けの文化に対して警鐘を鳴らすと思います。

運命に対する反抗

一九九六年、ナウエンは六四歳で亡くなりました。亡くなる七カ月前、一九九六年二月十三日に彼が書き終えた本、すなわち彼の遺書ともいうべき『この杯が飲めますか？』(14)という本があります。その本に彼は大変大事なことを書いています。運命に対する反抗です。

私たちは、苦しいことがあると、自分は呪われているのではないかと思う。同時に、自分の運命と思われる状態に対して激しい反抗を試みることがあります。けれども自分が生まれた国、両親や肌の色、また性的な傾向（たとえば異性愛的か同性愛的であるか）を選ぶことができません。この括弧内は私の解釈ですけれども。このごろはテレビ番組でも性同一性障害の問題を取り上げますね。今朝、ＮＨＫ総合テレビの「あさイチ」という番組で、「家族で向き合う性同一性障害」と題してスタジオトークが行われていました。体が男で心は女、あるいはその反対、そういう人が日本に一万五千人ぐらいいて、ものすごい苦しみを感じているそうです。その人たちはそういうふうに生まれたくて生まれたわけではない。みんなが非常に苦しんでいます。

自分の性格、知的能力や容貌などは生まれつきのもので、どうすることもできません。ある人は美人に生まれて楽をして、ある人は普通に生まれて……。有名な山田太一というシナリオライターは、女の人はお化粧ができるからいいけどれも、男はできないといいました。（笑）彼は恵泉女学園の講演でそういったのです。坂東玉三郎はお化粧できれいになれるからいいですね。（笑）

みんな生まれついたんですよ。運命です。運命に対して「なぜわたしはこのような人間なのか？わたしはこのような人間になりたいと願ったことはない」という叫びが心の底から湧いてくるのです。このような運命に対する反抗を、私たちは何千回もつぶやいています。

ところで、私が注目したいのはこの本の「性的な傾向を選ぶことはできない」という箇所です。先ほどもふれたようにナウエンには同性愛的な傾向があったわけです。彼はそれを告白、カミングアウトしませんでした。よく天才的な芸術家に同性愛的傾向のある人がいますでしょう。彼もそうだったのです。しかも、彼はそれを表面には出さない。ただ、書いているものを読めばちゃんとわかる。ものすごく悩んだのです。

同性愛的傾向があることはナウエンにとってどういうことであったかといいますと、彼は一九八七年十二月から翌年の六月にかけてひどいうつに苦しみました。これは単なるうつ病ではなかった。彼は愛していた二十何歳も年下の男性の愛にすべてをかけていたけれども、その友情にひびが入った。

それでナウエンはものすごく苦しんで、仕事ができなくなりました。そこで、カナダの風光明媚なレッドリバー沿いのウィニペグというところに行って治療を受けました。その時のことを彼が後で日記に書きました。それが『心の奥の愛の声』[15]です。

それは単なる日記ではなくて、自分を励ます六六編の短文です。その「まえがき」と「あとがき」を読んで、私は驚きました。「まえがき」に何と書いてあるかといいますと、ナウエンは友情が破綻したとき、苦しみのゆえに何時間も号泣し、夜も眠れなかったと。彼は世界的に有名な人ですよ。その人が苦しみで号泣して、夜も眠れなかったと書くのです。大変な苦しみだったのでしょう。

そしてまた、「結論」にびっくりするようなことが書いてあります。神について何十冊も世界的ベストセラーを書いたナウエンが、「神はほんとうにいるのだろうか、自分の想像力が作り出したものではないか」という疑念にさいなまれた、というのです。これはつらかったと思います。

私は牧師の娘に生まれて、神様は本当にいるのか、神様を自分の想像力で作り出したのか、悩んだことはありません。けれども、考えてみると、それでは私は、本当に神様がリアルに存在して私に語りかけてくださると信じているかどうか、私は神様に「わたしの神様」と呼びかけているかと反省してみました。

イエス様は遠くにいらっしゃる。神様は遠くにいらっしゃる。毎週教会に行って、ちゃんと賛美歌を歌って、聖書を読んでいる。でも、本当に神様がいる、本当にイエス様がいる、と信じているのか、そのイエス様と私とが祈りをとおして語り合うということを本気で信じて、その中に生きているかというと、違うのですね。それで私はものすごく考えさせられました。

神の赦しの愛

ナウエンは友情が破れて苦しみました。その結果どういうことが起こったかというと、イエス・キリストによる神の赦しの愛ということを発見したのです。この後彼が書いたのが『放蕩息子の帰郷』(16)です。

私の知っている人が『放蕩息子の帰郷』を買って読んで、大変感激したといっておりました。けれども、私は読んだときに感激しませんでした。あの本を読んでもわからない。私はものすごく強情なところがあるのです。納得できなければだめなのです。どうして私があの本を読んでわけがわからなかったかというと、ナウエンが「私は放蕩息子だ」といっているからです。何でナウエンが放蕩息子なの？　あの偉大な彼が。ナウエンが自分は兄だというのならば、それはわかる。けれども、自分は弟の放蕩息子だとどうしていえるのか、私にはさっぱりわからない。ところが、その後で『心の奥の愛の声』を読み、彼の友情の破綻による苦しみを知って、初めて彼が自分を放蕩息子だといった意味がわかったのです。

ですから、皆さん、『放蕩息子の帰郷』をお読みになるときには、『心の奥の愛の声』も一緒にお読みください。

聖書の放蕩息子の話（ルカによる福音書一五章一一節以下）、ご存じでしょう。放蕩息子が財産を持ち出して遠い国に行って、遊びに財産を使い果たして、豚の餌しか食べられなくなった。国に帰って父親に言おう、「私はあなたの息子と言われる資格がないから、あなたの雇い人にしてください」と。そして彼は父親に会ったときに「もう息子と呼ばれる資格はありません」と言います。そうしたら父親が、極上の着物を持ってきて、「死んだと思っていた我が子が生き返った」と喜ぶのです。

ところが、ナウエンはそこに問題を感じたわけです。放蕩息子が、あなたの息子と言われる資格がないと言った、この言葉は問題だ、この放蕩息子は、放蕩息子をありのままで許してくれる父親の無条件の愛を信じなかった、それは大きな問題であると書いているのです。私は今まで、放蕩息子についていろいろな人の意見を聞きましたけれど、こんなことをいっている人に出会うのは初めてです。

皆さんはあの話を読んで当たり前と思うでしょう。雇い人どころか、最下位の雇い人にしてくださいと言ったほうがいいぐらいだと。ナウエンは、そのように言うことは本当に神を否定して大きな罪を犯している、罪にまみれたままの人間、その私を神様は本当に赦してくださっている、だから、「息子と言われる資格がない」と言うことは、赦して愛し抜く神を信じない罪を犯している、というわけです。私は、この箇所に本当に驚きました。

ナウエンの本を読んでいますと、私はびっくり仰天、頭をたたかれたり、背中をたたかれたり、大変です。おまえはだめだ、おまえの生き方はだめだと、ナウエンにしょっちゅう叱られながら生きています。でも、叱ってくれるから非常にありがたいと思っているわけです。

恋人としての神

私はもう一度ナウエンにショックを与えられました。『愛されている者の生活』[17]という大変いい本があります。この本のことはここでは詳しく話しませんけれど、その中にショックを与える言葉があります。

「神の測りがたい神秘は、神ご自身が、愛されたいと望んでおられる恋人であるということです」[18]。

神様が私たちに愛されたいと望んでおられる。イエス様の場合は大文字で**Lover**と表記します。

私はこれを読みまして「えーっ」と思いました。神様が愛されたいと望んでいる恋人であるといったら、神様に申し訳ない、というような気持ちがしました。その時に思い出したのは、「わが魂を愛するイエスよ」という有名な賛美歌（『讃美歌』２７３番）です。皆さんご存じと思います。あれは「**Jesus, Lover of my soul**（ジーザス、私の魂の恋人よ）」という原文だったのです。

あの賛美歌はメソジストの基礎を築いたジョン・ウェスレー（**John Wesley, 1703–1791**）の弟のチャールズ・ウェスレー（**Charles Wesley, 1707–1788**）が書いたのです。彼は、それをお兄さんのところに持っていきました。お兄さんは、「おまえ立派な賛美歌を書いたね。この賛美歌は歴史に残るよ」とは言わなかったのです。ジーザスがラバーとはとんでもない、この歌は礼拝では歌ってはいけない、と言ったので、本当に礼拝で歌えなかったのです。集会で小さな声で歌っていたと思います。だってショックを与えますよ。神様が本当に私たちを恋人のように愛しておられ、私たちに愛されることを求めておられることに、私は本当に驚きました。

そしてナウエンは、この神の愛のみ声を聞いたら、私たちの死の恐怖は消え去り、最大の敵、もっとも嫌悪すべき死が、まったく変わって見えるといいます。死ぬということは、「尽きることのない愛で包んでくださる我が神の懐（ふところ）で、永遠に憩うことである」というのです。[19]

私たちは死を恐れていますね。私もそう。かなりな年ですから、何年か後にはこの世の中にいなくなるのです。私はあるとき三十年間のカレンダーを見まして、ぞーっとしました。カレンダーのこの辺で、私はこの地上にいないと思ったらぶるぶるっとふるえるように怖かったのです。ところが、私たちは神様に本当に愛されているということがわかったら、死の恐怖は消えるというのです。私たちは死にどのように対処すべきかという本がたくさんあります。しかし、一番いいのはナウエンの本を読むことです。神様の愛のみ声を聞くと、私たちは、死ぬことは神様の懐に戻ることだと思うことができます。

神の愛の渇き

さて、マザー・テレサが述べた「神の愛の渇き」について述べます。マザー・テレサがナウエンと同じようなことを述べているのです。彼女は、三六歳であった一九四六年に、インドのダージリンに行く列車に乗っているときに神の声を聞きます。そして、それまでいた修道院を出て、カルカッタの町のスラム地区に行って貧しい人たちを助ける仕事を一人で始めました。その時に聞いた神の声がどういうものであるかということを彼女はあまり語りませんでした。ところが、それを探った一人の神父さんが『マザーテレサの秘められた炎』[20]という本を書いています。

その時に彼女が聞いた言葉は、あなたは行って貧しい人に仕えなさいというドライな命令ではなかった。神様が、「私はあなたを愛しています、あなたに愛されることに渇いています」と語りかける声だったのです。それで、その後彼女は、神の渇き、神が私たちの愛に渇いていらっしゃるということについて、自分のシスターたちに何度も話をしました。「神は渇いておられる」というポスターをチャペルに張っているそうです。

「今日も、そして毎日、イエスはわたしの愛に渇いておられます。イエスはわたしのこころの中で、わたしに憧れておられます[21]」。

イエス様が私に憧れておられるというのです。私はこの言葉を講演資料に書きながらもいまだに信じていないのです。自分で書いて信じていない。本当にいけないと思うのですけれど、なかなか信じられない。イエス様が私に憧れているなんて信じられる人がいたら、手をあげてください。誰も手をあげないでしょう。信じられないですよね。

「イエスはあなたを慕っておられます。彼はあなたに渇いておられます……イエスの渇きを感じ、その言葉を聞き、心からそれに応えることだけが、あなたの愛を生き生きとさせます[22]」。

イエス様はあなたを慕っておられる。イエス様が私たちを愛してくださるということを感じていたので、シスターたちは喜びにあふれて貧しい人たちに仕えることができたというわけです。

さて、『燃える心で[23]』において、ナウエンは聖餐式《せいさん》について語っています。クリスチャンで聖餐式に列している人、手をあげてください。――たくさんいらっしゃいますね。皆さん、聖餐式に列するたびに心が燃えますか。

彼はこういっているのです。聖餐式でイエス・キリストの体であるパンを食べ、血を飲むとき、その時その場で私たちの罪が赦されると。すごいですね。皆さん、今度聖餐式に行くときにはこれを信じてください。

牧師先生に申し上げたいのは、聖餐式をするときに、その時その場でその罪が赦されるということを信じながら司式してください。そうすると日本の教会は変わるのです。私はこれを読んでショックを受けました。「その場、その時に私たちを癒してくださる」[24]のです。

神の愛の凄まじさ

「神の愛の凄まじさ」について、ナウエンはこういいます。古代キリスト教の偉大な教父アウグスティヌスという人がいました。『告白』という本が有名ですが、そのはじめに「私の魂は、神よ、あなたのなかに憩うまでは、安らぐことができません」という言葉があります。ところが、ナウエンはそれを逆にしてしまったのです。

「アウグスティヌスは、言いました。『私の魂は、神よ、あなたのなかに憩うまでは、安らぐことができません』**"My soul is restless until it rests in you, O God."** と。ところが、神もまた、私たちの者となることを切望されているのです。神は、私たちに叫んでおられるのではないでしょうか。『私の心は、あなたのなかに憩うまでは、安らぐことができません。私の愛する子よ』**"My heart is restless until I may rest in you, my beloved creation."** と」[25]。

すなわち、神様が私たちの心に入って私たちと愛によって結ばれるまでは、神様が落ちつかないというのです。今まで人間が主語だったでしょう。ところが、神様を主語にしてしまった。それで私は、大げさですが、コペルニクス的転換といっています。

私がナウエンの本を読んでいていつも驚くことがあります。それはどういうことかというと、ナウエンでは主語が神様だということなのです。考えてみてください。私たちは大体、人間が主語です。なぜナウエンでは神が主語かというと、彼にとって神は本当にリアルだからです。生きているのです。生きているから、神様がこうしてくださる、神様がこう言われたと書いています。ところが、私たちには、神様は遠くにかすんでしまっているのです。だから、自分、人間が主語になってしまうのです。

実は、私はナウエンに出会って初めて、神様、イエス様が私にとってリアルになったのです。私はナウエンに出会う前は、いつも「私はどうすれば、ほんとうに神を信じ、神を愛し、従うことができるであろうか」と思い続けてきました。いつも「私」が主語でした。しかしナウエンに教えられて、「神様は、私が神様を信じることを待っておられる。神さまは、私が神様を愛することを激しく求めておられる。神様は小さな愛でも、喜んで受け入れ、神様に従う力を与えてくださる」と思うようになりました。ですから、ナウエンに出会わなかったら私は本当のクリスチャンになれなかった。人間になれなかったんじゃないかと思うぐらい、ナウエンは私に大きな変化を与えたのです。

ですから、私はナウエンの解説書を二冊書きました。それでも、足りないですね。三冊目も書かなくてはなりませんね。私がどういう贈り物をナウエンからもらったかについて書かなくてはいけない、それまで私は生きていられるだろうかと心配しています。

私は最近、教文館から『「主われを愛す」ものがたり』[26]という賛美歌に関する本を出しました。その中で非常におもしろい発見をしました。「主われを愛す、主は強ければ」というのは、英語で"Jesus loves me! This I know"（『讃美歌』461番）。ところが、それを書く八年前にアンナ・ウォーナー（Anna Bartlett Warner, 1827-1915）は「私たちはイエスに会いたい（We would like to see Jesus）」という賛美歌を書いたのです。そして、それに当時の有名な作曲家が曲をつけて歌ったそうです。"Jesus loves me"とイエスが主語になって、イエスが私を愛していらっしゃるという賛美歌を書くまでの道のりがあったのです。'We'から'Jesus'に主語が変わったのです。このことは私の本を読んでくださるとよくわかると思います。[27]これは大きな変化なのです。

鏡のかなた

ナウエンは、一九九〇年に*Beyond the Mirror*（鏡のかなた）[28]という本を書きました。この本で死とは故郷に帰ること、と述べています。先ほど、神様の愛のみ声を聞くと、死の恐怖が取り去られると私は言いました。ナウエンは交通事故に遭い、あばら骨が五本折れて死に直面したことがありました。その後、その経験を書いたのです。彼は自分が死ぬかもしれないと思ったときに、"Come, don't be afraid. I love you"（来なさい。恐れないで。あなたを愛していますよ）という主イエスの優しい愛のみ声を聞いたのです。その時に死の恐怖が消えました。「死はその力を失い、私を優しく取り巻いている命と愛によって打ち負かされたのです」。死とは故郷に帰ることであり、それは神の胎に戻ることなのだと彼は悟ったというのです。

ところが、彼には気になることがありました。それは何かというと、自分は、自分が傷つけた何人かの人たちに許してもらわなければいけない。また、誰かが自分を傷つけた。その人のことを私は恨んでいるけれども、その人たちを自分は許さなければいけない。許し、許されるという経験が必要だということでした。自分のベッドのところにそういう人を呼んで、「あなたを許します」「私を許してください」ということを自分は話したいと思ったのですが、彼は生き返りました。その六年後、彼は天国に召されました。

『鏡のかなた』はまだ翻訳がありません。原書で七一ページ、非常に薄い本です。でも、これは大変大事な本で、なぜこの本が今まで訳されなかったか私は不思議に思っています。

私にできること

最後に一つだけ申します。皆さん、こういうことを話しますと、ナウエンという人は偉かったからこのように生きたけれど、私には何ができるのだろう、と思うでしょう。そのような私たちを励ましてくれるのが、ナウエンが給食の奇跡について書いている文章です。『ナウエンと読む福音書――レンブラントの素描と共に[29]』の「少しのパンと魚」という章に、彼はヨハネによる福音書六章三節から一五節に述べられているパン五つと魚二匹で五千人が養われた奇跡について書いています。その時に誰かが、自分がもっていたわずかの食料、少しの魚とパンをイエス様に差し出した。そうしたら、それが祝されて五千人が養われた。すなわち、私たちの小さな力、小さな知恵、わずかな持ち物を差し出せば、神様はそれを祝して大きな仕事をなしてくださる、というのです。

もし奇跡が行われる前に、誰かが自分の持っている少しのお弁当を出さなかったら、あの奇跡は起こらなかったでしょう。ですから、小さくていいのです、私たちがもっている小さな力、小さな愛、そういうものを出せば、神様はその後働いてくださる。私はそのことを読んでものすごく気が楽になりました。

現実のあまりの深刻さに私たちはたじろぐのですが、恐れずに自分にできるだけのことをすれば、あとは神様がみ力を振るってくださるのです。

私もナウエンについて本を書きながら、私自身もなかなかナウエンのようには生きられないわけですけれど、私にできる小さなことをやれば、神様がそれを千倍にしてくださるのです。これは本当にありがたいことだと思っております。

二〇一一年三・一一の大災害の後の日本が必要としているのは、まさにナウエンが伝えている「神の凄まじい愛」です。「愛の砂漠」である日本で、毎日残虐な殺人、それも家族のメンバーを殺す、という悲しい事件が起こっています。教育界では「いじめによる自殺」が緊急課題です。物質的に豊かな日本ですが、精神的には飢えています。

その日本に、一人でも多くの人に、ナウエンのメッセージ、「神はあなたを愛し、慕い求めておられるのですよ」という言葉を伝えたいと思います。神が、ありのままの私たち、さまざまな弱さ、欠点をもっている私たちを、無条件で愛してくださることを知ってほしいのです。この神の愛こそ、日本を生かす霊的エネルギーです。

注

引用文は『愛されている者の生活』以外は私訳であり、訳書の文とは異なります。

（1） Nouwen, Henri J.M., *A Cry for Mercy: Prayers from the Genesee*, Orbis, 1981. ヘンリ・ナウエン『主の憐れみを叫び求めて――ジェネシー修道院からの祈り』太田和功一訳、あめんどう、二〇一一年。

（2） Nouwen, Henri J.M., *The Wounded Healer: Ministry in Contemporary Society*, Doubleday, 1972.『傷ついた癒し人』西垣二一訳、H・J・M・ヌーウェン『傷ついた癒し人――苦悩する現代社会と牧会者』

西垣二一、岸本和世訳、日本基督教団出版局、一九八一年に所収。
（3）Nouwen, Henri J.M., *The Genesee Diary: Report from a Trappist Monastery*, Doubleday, 1981. ヘンリ・J・M・ナウエン『ジェネシー・ダイアリー——トラピスト修道院での七ケ月』、廣戸直江訳、聖公会出版、二〇〇六年。
（4）ナウエン『主の憐れみを叫び求めて』、一〇九頁。
（5）同上書、一二七頁。
（6）大塚野百合『あなたは愛されています——ヘンリ・ナウエンを生かした言葉』教文館、二〇〇九年。
（7）Visser't Hooft, Willem Adolph, *The Renewal of the Church*, Philadelphia: Westminster Press, 1956. ヴィサー・トーフト『教会の革新』菅円吉訳、新教出版社、一九五九年。
（8）Nouwen, Henri J.M., *Adam: God's Beloved*, Maryknoll, Orbis Books, 1997. ヘンリ・J・M・ナウエン『アダム——神の愛する子』宮本憲訳、聖公会出版、二〇〇一年。
（9）Nouwen, Henri J.M., *The Living Reminder: Service and Prayer in Memory of Jesus Christ*, Seabury Press, 1977.『生きた想起者』岸本和世、前掲『傷ついた癒し人』に所収。
（10）ヌーウェン『傷ついた癒し人』、一五六—一五七頁。
（11）Nouwen, Henri J.M., *Compassion: A Reflection on the Christian Life*, Image Books, Doubleday, 1983. ヘンリー・J・M・ノーエンほか『コンパッション——あわれみ揺り動かす愛』石井健吾訳、女子パウロ会、一九九四年。

(12) Nouwen, *Compassion*, p.17.

(13) Nouwen, Henri J.M., *Reaching Out: The Three Movements of the Spiritual Life*, Doubleday, 1986. ヘンリ・J・M・ナウウェン『差し伸べられる手――真の祈りへの三つの段階』三保元訳、女子パウロ会、二〇〇二年。

(14) ヘンリ・J・M・ナウエン『この杯が飲めますか？』広戸直江訳、聖公会出版、二〇〇一年。Nouwen, Henri J.M., *Can You Drink This Cup?*, Ave Maria Press, 1996.

(15) ヘンリ・J・M・ナウウェン『心の奥の愛の声――苦悩から自由への旅』小野寺健訳、女子パウロ会、二〇〇二年。Nouwen, Henri J.M., *The Inner Voice of Love: A Journey through Anguish to Freedom*, Doubleday, 1999.

(16) Nouwen, Henri J.M., *The Return of the Prodigal Son: A Meditation on Fathers, Brothers, and Sons*, Doubleday, 1992. ヘンリ・ナウエン『放蕩息子の帰郷――父の家に立ち返る物語』片岡伸光訳、あめんどう、二〇〇三年。

(17) Nouwen, Henri J.M., *Life of the Beloved: Spiritual Living in a Secular World*, Crossroad, 1992. ヘンリ・ナーウェン『愛されている者の生活――世俗社会に生きる友のために』小渕春夫訳、あめんどう、一九九九年。

(18) 同上書、一四七頁。

(19) 同上書、一五四頁。

（20）Langford, Joseph, *Mother Teresa's Secret Fire*, Our Sunday Visitor, 2008. ジョゼフ・ラングフォード『マザーテレサの秘められた炎』里見貞代訳、女子パウロ会、二〇一一年。

（21）同上書、一〇四頁。

（22）同上書、一〇五頁。

（23）Nouwen, Henri J.M., *With Burning Hearts: A Meditation on the Eucharistic Life*, Orbis Books, Maryknoll, 1994. ヘンリ・J・M・ナウエン『燃える心で——黙想—聖餐を生きる日常』改訂新版、景山恭子訳、聖公会出版、二〇一一年。

（24）『燃える心で』、三五頁。

（25）同上書、六三頁。

（26）大塚野百合『「主われを愛す」ものがたり——賛美歌に隠された宝』教文館、二〇一三年。

（27）同上書、一二九—一三〇頁を参照。

（28）Nouwen, Henri J.M., *Beyond the Mirror: Reflections on Death and Life*, Crossroad, 1990. 邦訳なし。

（29）Nouwen, Henri J.M., *Jesus: A Gospel*, Orbis Books, 2001. ヘンリ・ナウエン著、マイケル・オラーリン編『ナウエンと読む福音書——レンブラントの素描と共に』小渕春夫訳、あめんどう、二〇〇八年。

（聖学院大学総合研究所臨床死生学研究シンポジウム「ヘンリー・ナウエンに学ぶ苦しみと希望——祈り、共苦、コミュニティ」（二〇一三年二月十三日）における講演に加筆修正）

ナウエンの人間理解とアプローチ
――人々を閃きに導く

小渕　春夫

一　はじめに

二十年前のことです。訳者の後藤敏夫牧師（当時）の勧めで、ヘンリ・ナウエンがどのような人物かよくわからないまま、あまりに素晴らしい内容なので、『イエスの御名で』(1)を出版しました。そうしたところ、読者からの驚くべき反響がありました。私もそのときからナウエンについて探求を始めました。当時、まだインターネットで注文ができる「アマゾン」のような便利な手段がなく、四ツ谷のエンデルレ書店（閉店）というカトリック専門の洋書店に出かけたり、たまに海外に行ったときにキリスト教書店に立ち寄っては、彼の本を一つひとつ収集したものです。

当時、英語圏では次々とヒット作を生む著者として注目され、新刊を待ち望む熱烈な愛読者が多くいました。日本では知る人ぞ知るの存在で、隠れファンが少数いましたが、先行出版された『傷ついた癒し人』(2)がかなり難解だったため、その後の出版が進まなかったのではないかと思われます。

ナウエンの人物像

まず、ナウエンはどんな人だったかを知る必要があるでしょう。彼は心理学を専門的に学び、学者への道もありました。ただ、書斎や図書館にこもるタイプではなく、常に人々の魂の問題に直接かかわる精力的な牧会者としての生き方を貫いた方でした。私たちは彼を、四十冊あまりのベストセラー作家という面でとらえがちです。しかし、司牧者として日々接する人々への霊的指導、個人的な魂のケア、黙想会指導、教育者としても、多くの人に深い影響を与えました。講演者としても非常に人気が高く、幅広い教派から多くの依頼を受け、相手を区別せずに応じました。自分の使命として自覚していた著作活動に専念するために、ある期間、押し掛ける人々から離れて集中する時間をよく作っていました。ただ、著作内容と現実生活のギャップもあり、いくらか矛盾した面もあったようです。

ナウエンの著作活動の初期、神学校の教師時代には、学識豊かで難解な著作を書きましたが、中期、後期のほとんどのものは簡潔で読みやすく、霊感豊かにして深遠、しかも、砂漠の教父にまでさかのぼるキリスト教霊性の長い伝統に根ざしたものです。いや、むしろそれを現代に甦らせた一人だといえるのではないでしょうか。

著作の中心的なテーマ、エッセンスはいつも共通したものがあります。内容もすべてが彼の独創というわけでなく、先行研究から着想を得ており、大きな影響を受けた人が何人もいます。ただ、そこから得たことを、現代人の魂を揺り動かし、心にしみる文章でイメージ豊かに表現する驚くべき独創性と、とてつもない文才の持ち主であったといえるでしょう。

またナウエンは、先進国に住む人々の間にある底知れぬ孤独の問題、競争意識、所属感の欠如、愛への渇き、神を求める霊的渇き、空洞があることに気づき、そこからの出口を探求し、それに見事に応えた預言者であったと思います。亡くなって十五年以上たちますが、その影響力は衰えず、今も世界中で読まれ、彼についての本が多く出され続けています。またプロテスタント内での評価が高く、よく読まれていて、私どももそうなのですが、世界のプロテスタント出版社から翻訳書が多く出されています。常に聖書に基づいて思想を展開するために、かなり保守的なプロテスタントの層にも広く受け入れられています。

ナウエンは数々の名著を世に送ったために、欠点のない、霊的巨人だと思われがちでしょう。現実はむしろ、自分自身の内的葛藤で苦悩した果実として、また自分を慰めるために書いたという面があります。人一倍大きな苦悩を背負ったことを、書くことをとおして癒やしていったのではないでしょうか。そういう視点からあらためて読み直すなら、さらに別な味わいが増すと思います。

二　現代人をどう理解したか

今日とくにお話ししたいことは、素晴らしい著作群の背後にある創作の秘密ということです。ナウエンが現代人の霊的必要をどう理解し、それに応えるためにどうアプローチしたか、ということです。その著作はどうして私たちに感動を呼ぶのか、彼の私たちへのコミュニケーションのスタイルは何か、どうしてそれが私たちの魂を奪い、感動を与えるのかという一端に迫ってみたいと思います。

それはまず、現代人はどういう存在かをしっかり理解していたからだといえます。その霊的必要性に応えるために、意識的に自分の著作スタイルを選んでいるのではないでしょうか。そうした彼の特徴の源流は、初期の著作にあると思われます。

初期の三部作で探求した現代人の姿

ナウエンには初期の三部作と呼んでもよい著作があります。***The Wounded Healer***（邦題『傷ついた癒し人』、***Creative Ministry***（邦題『友のためにいのちを捨てる』）[3]、***Intimacy***（仮題『親密さ』）[4]です。*Creative Ministry* の邦訳は絶版で手に入りません。

これらの三部作は難解な用語が次々と出てきて、文章も凝縮されています。邦訳の『傷ついた癒し人』を難解でわかりにくいと思うのは私だけではないでしょう。

ただ、彼の訳書を編集、翻訳して年数を重ねていく中で、それらをあらためて読み直す機会があったとき、いろいろと連想することが多く出てきました。そして驚くべきことに、彼の後の著作のエッセンスのすべての種子がこの三部作にあることがみえてきました。これらの著作は、決して古びることのない、こんこんと湧き出る霊的な泉、山中で喉を潤す清水のような豊かな内容があります。彼の感動的な著作群は、これらの初期の著作で表した現代人に対する根源的な理解のうえで書かれているのです。

The Wounded Healer（傷ついた癒し人）は、今から四十年前、一九七二年に書かれました。そこにあるナウエンの現代人についての理解について少し述べたいと思います。当時は東西冷戦のまっただ中で、人類は核戦争の危機に瀕し、滅亡するかもしれない不安にとらわれていました。また、泥沼のベトナム戦争があった時代でした。それらを解決できないでいる伝統的権威、既存の宗教、父権等は失墜し、若い世代には絶望感、無気力、自暴自棄の意識が浸透していました。一方、そうした流れに反発するかのように、革命への期待、体制への暴力や破壊活動、テロが若者を引きつけました。これは日本でも同様でした。当時、私は高校、大学時代でしたが、世代間に大きな溝ができ、「断絶」「絶望」という言葉が流行しました。若者の間には、倦怠感、生きがいの喪失、深い孤独感が蔓延し、そこからの逃避として、ヒッピー、性的無秩序、ロック音楽、麻薬といった、退廃的生活、刹那的享楽を求める風潮がはびこったのです。

若い世代は、瞑想、東洋的霊性、不滅なものに惹かれ、生きがいを求めて苦闘しました。一方、現実的な人は、出世、物質的経済的成功を求め、強烈なライバル意識をもち、学歴、実績を示すことに価値を置き、弱肉強食の世界を生きました。現在、世界の社会環境は大きく変化しましたが、こうした風潮が今も私たちをむしばんでいることに変わりはありません。

孤独という現代人の苦悩

経済の発展した国に住む人々を苦しめるものとして、ナウエンの指摘したものは、近代社会が築いてきた社会秩序、父権、宗教などの伝統が崩れた中での競争社会、学歴社会、成功主義、実力主義です。そうしたものの背後に、劣等感、敗北感、自己不信にとらわれ、孤立と孤独という深い病に苦しむ人々がきわめて多いといっています。物質があふれ、なに不自由ないかのような社会でのうつ病の蔓延、三万人を数える年間自殺者、引きこもった若者の多くは、それらの要因と無関係でないことは明らかでしょう。

今回、私が講演している会場は大学ですが、教育現場では、自分の個性や本当にしたいこと、自分が心から望んでいる生き方から疎外され、それと関係ない生き方を強いられている受動的な青年が多くいます。子どもの時期を含めて二十年近く、教える人、教えられる人という前もって決められた固定的なプロセスに置かれることも、現代人にとって大きな苦悩であるとナウエンは指摘しています。

学歴、学位、資格を高く評価し、人間性にかなり問題があっても、学位しだいで権威化し、やみくもに信用するシステムが社会を動かしています。そういう中で人々は、他人の評価に極度に敏感になり、自意識過剰になり、失敗や弱さを見せてはならないという思いにとらわれています。ナウエンはそれを、人格形成の大きな妨げであると断言しています。ほんとうに耳の痛い指摘です。

彼は『静まりから生まれるもの』の中で、こういっています。

「はなばなしい行動（成功）を強く願う心の底では、根深い、自己評価の低さに苦しんでいる人が少なくありません。……しつこい自己不信は、今の競争社会で葛藤し、抑圧されているたくさんの人々の心の奥底にあるものです。それだけでなく、自分たちの弱さを認めることへの恐れは心を蝕み、共同体や創造的な分ち合いの実現を妨げます。……人からの高い評価や評判を得たいという必要がいよいよ募るようになるからです。そして、つねに自分を拒否することで、気持ちを沈ませる力に引き込まれやすくなります。さらに悪いことに、孤立していくという深刻な危機に直面します。なぜなら、友情や愛は、傷つきやすい心をお互いにさらさないでは経験できないものだからです(5)」。

ナウエンは、こうした現代人が抱え込んだ人生上の危機、また霊的危機にどう対応したらよいか、イエスの生き方と姿に結びつけながら、驚くべき提案をいくつもしています。ここでは、「心の対話」と「自分を役立てる」「明瞭に言い表す」という三点に絞ってお話ししたいと思います。

三　現代人に語りかける方法

「心の対話」

苦悩する現代人に語りかける手段としてナウエンは、二十世紀にもてはやされたイデオロギーや教育方法、上から下へという権威のあり方と異なるスタイルを提唱しています。その中の要素である、「心の対話（ダイアローグ、dialogue）」と「自分を役立てる（アベイラビリティ、availability）」は *Creative Ministry* の中で、もう一つの要素である「明瞭に言い表す」は『傷ついた癒し人』の中で述べています。

一つ目の「ダイアローグ」とは、単なる会話ではないので、ここでは「心の対話」と呼びます。ここでいう「心の対話」とは、実際に話し合ったり、討論会を開いたりするということではなく、「こちらの伝えたいメッセージを、聞いた人が自分の人生経験をとおして受け止められるように話す」ということです。相手を操作しようとするテクニックや話術のことではありません。伝達したい内容について、自分を部外者に置くのでなく、自分に関係しているものとして示すことで、相手と影響し合うコミュニケーションをするのです。語る人、伝えたい人が、「あなたはこのことについてわからないから教えてあげましょう」という、自分を優位に置いた態度をとるのでなく、語る人がその中に自分自身の葛藤や混乱等に巻き込まれた状態を隠さずに話すことです。そうするなら、聞いている人が、聞いている人自身の経験と結びつけながら受け止めることができる、気づくことができるというのです。つまり、相手と対等な者として、心を開いて影響し合える関係にまで自分が降りていって対話することです。そのとき、真の対話と人間としての出会いが生じるのです。(6)

「自分を役立てる」

次は「アベイラビリティ」です。これも日本語に移すのが大変なのですけれども、いつでも準備ができているとか、常に用意している状態という意味です。たとえば、ホテルや会議室の予約するとき「空いていますか」と聞くと、「いいですよ。用意できますよ。アベイラブルです」というような意味になります。私は、「自分を役立てる」と訳しました。ナウエンによるとそれは、自分の中の弱さや心の傷、信仰と不信仰、希望と落胆、失望、自分の中の光と闇、良い経験と悪い経験も、他者のために差し出すということです。

ここで触れた二つのアプローチは、『傷ついた癒し人』に出てくる不思議な寓話（「タルムード」からの引用(7)）とつながってきます。それはこういう話です。

あるラビが預言者エリヤに「メシアはいつ来ますか」と尋ねたときに、エリヤは言います。「町の門のところにいる傷ついた人の中に座っている。多くの人は、包帯を一度に全部解いて、手当てをし、また巻き直している。でも、来たるべきメシアは自分の包帯の一部だけを解いては傷をケアし、また包帯を巻く。そして助けを求めている人の必要にすぐ応じることができるように備えている」と。その人こそメシアなのだというのです。全部解いてしまう人は、すぐには動けないので対応できないのです。

「自分を役立てる」ことは、ナウエンが著作の中で私たちに実例を示しています。ナウエン自身が自分の心の傷、失望、希望、喜び、悲しみを少しずつ明らかにしては、それを自分でケアしながら私たちに差し出しています。私たち読者は、ナウエンは驚くほど正直に自分のことを書いているとよくいいます。しかし彼は、そうして「自分を役立てる」ことを意識的に行っていると思われます。

こうした箇所を彼の記述に中に探してみましょう。数々ありますが、名著『放蕩息子の帰郷』の中に、典型的な例があります。イエスのたとえ話「放蕩息子」(8)を題材にしたレンブラントの絵を見ての随想です。放蕩の限りを尽くしてボロボロになって帰宅した弟が父に抱かれているのを見下ろし、冷たい目で見ている兄に注目してこういっています。

「私にとって難しいのは、快楽に溺れた弟より、苦々しい思いで腹を立て、怒っている兄のほうが霊的なあり方で私に近いかもしれないと認めることだ。それでも、兄息子について考えれば考えるほど、彼は私に似ていると認めざるを得ない。私自身、長男として生まれたので、模範的な息子であろうとすることが、どのような感じかよく分かる。両親の期待にそって生きようとし、人を喜ばせようとしがちだ。また、たいてい両親を失望させることを恐れる。さらに、かなり早い時期から弟や妹たちに、ある種のねたみを抱くようになることが多い[9]」。

こうした記述で、読者は自分の体験とつなげながらナウエンの想いを対話的に受け止めるでしょう。たとえばこれは、私の人生にも通じます。私は教員の両親をもち、長男として育ち、小中学生のころは成績も申し分なく、先生に喜ばれ、同じ小学生の友人からも「まじめだね」いわれてきました。しかしナウエンの正直な告白を読んであらためて、表面的な品行方正さの裏に隠しもったねたみ、嫉妬、積もり積もった怒りが確かにあったことを私も認めざるをえません。

「心の対話」と「自分を役立てる」ことをとおしてコミュニケーションをすることは、ある意味、自分の惨めな姿をさらし、名誉を損ねるとか、評判を落としかねないリスクを冒すわけです。しかし、そのメッセージ

放蕩息子の帰還
レンブラント・ファン・レイン（1666-68）

は心の深くまで共感的に届くことでしょう。もし日本の指導者や教会で重んじられている方々が、若い世代を前にそのように振る舞ったら、教会はすいぶん変わるのではないでしょうか。

「明瞭に表現する」

第三に、心の内側の出来事を「明瞭な言葉で表現する」ことが、これからの指導者には必要だとナウエンはいっています。この手法は『傷ついた癒し人』に出てきます。彼はそれを「アーティキュレーション（articulation）」という用語を使って表しています。心の井戸の奥深くで起こっている言葉になる以前の経験を、自分でその底に降りて行って、その出来事を探索し、「心の対話」のために明瞭な言葉に移し替えるということです。

「私たち自身が、自分自身の存在の中心に入って、内的生活の複雑さに慣れ親しんでいく他に道はないと思う。その内なる家になじんでいくこと、すなわち、明るい場と同時に暗い隅があること、風通しのよい部屋と同時に閉じているドアがあることを発見していくにつれて、自分の内的混乱は蒸発し、不安は小さくなり、創造的な仕事ができるようになる。ここでのキーワードは「アーティキュレーション」（明確に表現する）である。内的生活の動きを明確にできる人、さまざまな経験を名づけることのできる人は、もはや自分自身の犠牲になることなく、聖霊の働きかけへの妨害をゆっくりと間断なく取り除くことができる。……（略）……こうした明確化は、来るべき時代の霊的指導者の基礎であると信じる。なぜなら、自分自身の経験を明確化できる人のみが、他の人の明瞭化の源として自分自身を差し出せるからである。それゆえキリスト教指導者は何よりも、自分自身の明確化した信仰を、助けを求める人に差し出せる人のことである」[10]。

「自分を役立てる」ともつながりますが、彼はここで注意を促しています。それは自分に起きたことを何でも話せという意味ではない、むしろそれは危険だといいます。そうではなく、「その苦しみ、悲しみ、傷の奥深くにある、とても個人的で、独自で、他人はほとんど理解してくれないだろうというような心の内の出来事を、あえて明瞭に言い表すとき、驚くべき共感をもって他の人に迎え入れられる」[11]と、神学者トーマス・オーデンの言葉を引用して説明しています。

「心の対話」と「自分を役立てる」はどちらも、底でつながっています。ただそれを実行するためには、まず自分の心の奥深くに降りて行くことが求められます。それはそう簡単なことではないでしょう。深い自己観察や真実の自分に向き合うつらさを生き抜く必要があるからです。ナウエンはそれをした人でした。

自分の心の奥深くで起きたことを探索し、それを「明瞭に」表現して他者のために「役立てる」ことで、共感的な「心の対話」が生まれます。誰もがその言葉に耳をそばだてるのです。繰り返しになりますが、このことをナウエンは著作をとおして実行したといえるでしょう。

四　人々を閃《ひらめ》きに導く

閃きとは

ナウエンについて語るときに、「閃き（に導く）」という角度からは、これまで誰も述べていないかもしれません。現代人への対話的アプローチ、自分を役立てること、自分の内面で起きていることを明瞭に表現することは何のためかといえば、それらは「閃き」に導くためだといっています。

今日の人々は、人生の意味、生きがいをもたらす閃きを得たいという強い願望をもっているのです。ですから、人を救いに導く奉仕者の目的、使命は、そのための基本的閃きが得られるように助けること、それを妨げるものを除いてやることであるといいます。

「閃くとは、知的に理解する以上のものである。――それはあらゆる点において知識と言えるもの、全人格が『そのとおり（Yes）』と同意できる知識のことである。それは、頭から心まで、頭の先からつま先まで、脳からはらわたまでしみ通る（みなぎる）理解のことである。人は、こうした文字どおり自分にしみわたる知識に達したとき、神の言葉を真に聴くことができ、心の闇に差し込む光に従うことができる(12)」。

人々が閃きを求めているのは、知的な議論とか、いろいろな解説以上のものを求めているということです。すなわち自分の存在全体で受け止める感動です。魂が揺り動かされるような展望、ビジョン、心からの納得が欲しい。それが人々の奥深くにある強い願望だというのです。

この閃きとは、英語で「インサイト（insight）」のことです。日本語では、「気づき」とか、「腑に落ちる」、「目からウロコが落ちる」という表現があります。東洋的な直観と結びつく「悟り」というのも同じかもしれません。「洞察」と訳している場合もあります。この「閃き」は、私たちが肉体をもっているがゆえの五感、身体性と深い関係をもっています。ナウエンの著作はなぜこんなに私たちの心に訴えてくるのか、はっとする豊かな展望が開けてくるのかという問いへの答えの一つは、この「閃き」にあるかもしれません。

私は最初この言葉を知ったときにあまり重大に思いませんでした。深遠なすばらしい内容の本の行き着いた結論が「閃き」とは、竜頭蛇尾ではないか、軽すぎるのではないかと思いました。それを知ってだいぶたったころ、必要があってもう一度『友のためにいのちを捨てる』読み直しましたら、その出典に目がいきました。バーナード・ロナガン（Bernard Lonergan, 1904–1984）という人が『インサイト』（*Insight*）という大著を書いているのです。[13] ナウエンはそこから着想を得たらしいのです。

私はバーナード・ロナガンという名前をまったく知りませんでした。日本ではまだまだ無名だと思います。ただし、今はインターネットの時代です。思いつきで検索してみましたら、何といろいろ情報が出てきました。そして上智大学の教授がそのお弟子さんで、日本で紹介しているということがわかりました。ちょうどその時期、社会人のための夜間講座があるというのが目にとまりました。職場に近い四ツ谷に行けば受講できます。そこで全五回からなる講座に申し込みました。

おもしろいことに、上智大学のバレラ名誉教授によるその夜間講座の主題は「閃きについて閃く」ことでした。学んでいくうちに、ナウエンがいいたいのはこういうことだったのかと、ものすごく広大な世界が開けてきました。

ロナガンは、二十世紀が生んだ最高の知性をもつ学者、もっとも重要な思想家の一人だそうです。カナダ人の哲学者であり、トマス・アクィナス研究の神学者、イエズス会の司祭です。二五巻からなる著作集がトロント大学の出版局から刊行中です。彼の深い含蓄を理解し、世界中にその影響力が及ぶまでに百年はかかるだろうといわれるくらいの大思想家だそうです。

「閃き」のプロセス

私たちがよく知っているアルキメデスの原理というのがあります。王冠を破壊せずに純金であることを調べよという大変な難問をアルキメデスが抱えて、悩みに悩み、そしてついに閃きました。お風呂に入ったときにこぼれ出たお湯を見たときに閃いて、「エウレーカ（わかったぞ）」と言った。あまりの喜びのために裸で走り回ったとかの伝説があります。つまり、あることが閃く瞬間には必ずイメージが先行するのですが、その仕組みをロナガンは解明したのです。ニュートンの万有引力の発見も、本当かどうかわかりませんけれども、木からりんごが落ちるのを見ました。アルキメデスもニュートンも、問いを抱いて思索し続け、あるとき、あふれ出たお湯、木から落ちるリンゴというイメージを見て閃いたのです。

人間には五感というものがあり、生まれてからずっとあらゆることを五感をとおしてデータとして取り入れます。小さな子どもほど五感に頼らざるをえませんが、段々と成長してきて、意識や知性が目覚めてくると、「これなあに」「あれなあに」という問いを発するようになります。「どうして？」という知的探求も育ってきます。その問いを抱くと心に空洞というか、スペースが生まれます。そして、それが満たされるまで探求が続きます。あるとき、それと関連したイメージに出会います。そうなると、遠からず閃きに導かれるのだそうです。

しかし、たとえば町を歩いているとき、ある人の背中を見て、「あっ、何さんかもしれない」と閃きます。そこで、確かめたら別人だったということはよくあります。閃きというのは間違いもたくさんあるので、閃いた次には、それは正しいかどうか、さらに次には、それが善であるかどうかという探求が生まれてきます。そして、その過程にさらに閃きが生まれます。池に石を投げたときに生じる波紋のように、次々と閃きは連鎖していきます。実は私たちの毎日の生活で、頻繁にそういうことが起きているのです。ただ、意識せず、気づくことが少ないのです。ある人は、特別なそうした体験をしたときのことを、霊感、インスピレーション、啓示と呼ぶのかもしれません。

人間の五感をとおして情報を得ることから始まって、徐々に閃きを重ねて物事をとらえ、認識し、そこに価値を見いだし、判断して行動に移していくことで、究極的な目に見えない聖なる存在にまで達すること。ロナガンは、その働きの全容を哲学的に研究し、それを人間のもつ霊（スピリット）であると提示しました。そういう意味でナウエンは、ロナガンの著作から得たことを生かしているのではないかと思われます。

閃きに導く――イメージとストーリーの活用

今いいましたように、閃きに導くためにはイメージが大切です。ストーリーもイメージを生み出します。聖書にはたくさんイメージが出てきます。アブラハムに、「空の星を見なさい、海辺の砂を見なさい」と神はイメージを見せ、「このようにあなた方は将来多くの人に祝福をもたらすようになる」（創世記二二・一七）という将来へのヴィジョンと霊感を与えています。

ナウエンとイメージは切り離すことができません。その典型的なものはレンブラントが描いた名作「放蕩息子」（五七頁）のポスター（部分）との出会いです。人生にほとほと疲れて燃え尽き状態になり、どうしていいかわからなかったとき、フランスのラルシュ共同体の小さな資料室のドアに貼ってあったそのポスターを見て、彼は目が離せなくなりました。なぜだろう、どうしてなのだろうという問いを自分に向けます。そして、ついにロシアまで行ってエルミタージュ美術館で実物全体を見ました。そこでたくさんの問いや閃きが生まれます。その一つは、絵の右側に描かれ、背後に立って目の前で起きていることを眺めている兄の姿です。一体この冷たい顔をした人物は何者だ。父親は手を差し伸べているけれども、兄のほうは手を組んで、冷たくその光景を眺めている。これは一体どうしたのか、と。それ以外も、絵に導かれてイエスのたとえ話の探求を続けました。そしてそこで発見したこと、閃いたことを文章にしていったのです。その結実が、先ほど紹介した『放蕩息子の帰郷』です。

レンブラントが描いたイメージから導き出されたナウエン自身の閃きの素晴らしさに読者は驚き、そこに明瞭に書かれ、差し出されたナウエンの個人的な心の痛みをとおして、読者は自分自身の経験と結びつけ、しみじみと心の対話をしながら読み進めていきます。

ナウエンの他の著作『この杯が飲めますか？』(14)の原書には、手に持った大きなワイングラスを前面に配置し、その後ろに顔が見えている挿絵が載っています。そこでは、グラスを掲げて、ワインを飲み、ついには最後の一滴まで飲み干すというイメージを用いています。このワイングラスは私たちの人生そのものです。こんな自分は嫌だ、こんなふうに生まれなければよかった、こんなひどい目に遭った……。それは自分というワイングラスに神が注いでくださった人生のすべてです。ナウエンは自分の人生をそこで語りながら、私たちにも「最後の一滴まで飲み干すことができますか？」と迫ってきます。また同時に、それはイエスの生涯でもあることに私たちの目を向けさせます。

『愛されている者の生活』(15)にはパンが出てきます。パンを取り上げ、祝福し、割いてほかの人に与える。見事なイメージがそこに広げられています。これは言うまでもなく聖餐式にもつながっていますし、毎日のありふれた食事の場面にもつながっています。そのイメージは多義的、多層的に私たちに伝わります。他の著作では、『嘆きは踊りに変わる』[16]でのダンス、『両手を開いて』[17]での両手というように、多くの言葉を費す解説に頼ることなく、驚くほど豊かで感動的な世界にナウエンは私たちを導きます。よくある日常のシーン、単純で、懐かしい記憶、それが読者の頭の中で再現されます。そのイメージの中に、イエスの人生、ナウエンの人生、そして読者の人生のストーリーを重ね、さらなる閃きの連鎖を提供し、新鮮な発見に導くのですから、それは私たちの心や知性をとらえて離しません。

視覚的イメージを用いる点で、プロテスタント教会は弱いのではないでしょうか。ドイツの古いプロテスタント教会に行くと、図像というのが破壊されてありません。平板な石の壁だけです。宗教改革以降、私たちが引き継いできたのは説教中心の言語の世界です。言葉、言葉、言葉――。言語を用いる能力が秀でている人が指導者になります。カトリック教会は、信徒のためにさまざまな像や絵、建築、典礼、巡礼などによって、視覚、感覚、さらに身体での体験をとおして教育、感化してきたといえるでしょう。

私自身にもいえることですが、現代のプロテスタントの信仰者は、言語理解中心、聴覚優位の観念の世界に疲れを感じてきているのではないでしょうか。聴覚以外の感覚、感情、身体性、五感、直観を用いたコミュニケーションを重視してこなかったことで、身体的あるいは精神的疲労、霊的渇きに襲われている人が少なくないのではないでしょうか。

閃きがもたらすもの――共鳴と深い納得

ナウエンによると、閃きがもたらすものは「共鳴（レゾナンス）」だといいます。「ゴーン」と鐘を鳴らすと、離れたところでその波動の影響を受けて、こだまするかのようにもう一つの鐘が鳴る状態のことです。ナウエンの文章を読むと、私たちの内面に響いてくるものがあり、心と感性と自分の経験をとおして深い納得を生み出します。それは、次のナウエンの言葉によく表れています。

「あなたが声を大にして話してくれたことは、私が人知れず暗闇の中でささやいてきたことです。あなたがはっきりと断言してくれたことは、私がずっと疑ってきたことです。あなたが目の前に引き出してくれたことは、私がずっと背後に隠し持ってきたことです。あなたがしっかりと把握し、示してくれたことは、いつも私の指の隙間から逃してきたものです。そうです。あなたが語った言葉は、私のことです。それは人間存在の深みから出てきた言葉だからです。それゆえ、あなたの言葉はあなただけのものでなく、私のものです。その洞察（閃き）も、あなただけのものでなく、私のものでもあるのです(18)」。

今から二十年前に『イエスの御名で』を出版したとき、本に挟んである読者カードに読後感を書いて送ってくださった方がたくさんいました。その中に、「ナウエンは私が今まで思っていたことを文章にしてくれた」、「私が長い間感じていたことを言ってくれた」、「やはりこれでよかったのだと思った」、という方が何人もおられました。著作を通じて読者の中に、こういう共鳴が実際に起きたのです。実は私は、読者カードをいただいてから相当何年もたって、『友のためにいのちを捨てる』（*Creative Ministry*）の中の前述の文章を発見したことで、はじめてその謎が解けたのです。ナウエンは最初から、読者にそういう共鳴が生まれることを期待していたのではないでしょうか。

こうした使命を完璧に果たしたのは神のイコン（イメージ）、イエス・キリストであるとナウエンはいいます。人々と対話し、共感し、共苦し、憐れみを示し、自分の命までを人々ために役立て、そのきわみに十字架にかけられた姿（イメージ）を人々にさらして見せました。そして、「本当に、この人は神の子であった」（マタイ二七・五四）という深い確信、救いをもたらす閃きに人々を導いたのです。

世の中では、勝ち組・負け組という優勝劣敗ということがいわれています。また、この世界で次々と起こる不条理の陰で多くの人々が苦悩しつつ、神との、人々との真の共感に満ちた出会いに飢えています。神の救いのメッセージを伝えるためにどうアプローチしたらよいか、ナウエンはその著作をとおして私たちに提案しているのではないでしょうか。

五　嘆きは踊りに変わる

喪失という苦悩

ナウエンは自分自身が多く苦悩してきた人ですが、人間が抱く苦悩について素晴らしい著作や展望を私たちに示してくれています。ここからは、できるだけ彼の言葉自体に語ってもらいましょう。

ナウエンは私たち人間の苦悩をひとことでまとめた言葉は「喪失」であるといいました。それを数々の著作の中で述べてきました。母親を失ったとき、友人が家族や健康を失ったとき、エイズで死を宣告された人をケアしたとき、紛争で愛する家族を失った中南米の人々が悲しみに沈んでいるとき、彼はその喪失に向き合ってきました。私たちの人生そのものが喪失の連続であると、次のように述べています。

「私たちの体験する痛みをまとめて言い表す言葉があるとしたら、それは『喪失』です。私たちはあまりに多くのことを喪失します。ときどき、人生とは、次から次へと続く喪失の長い連続ではないかと思えることさえあります。この世に誕生したときは母の胎という安全を失い、学校に通い始めると家庭生活という守りを失います。ようやく職に就くと、若い時代の自由を失う。

結婚したり、聖職に任じられたりすると、多くの選択枝がある喜びを失います。年をとると、若々しい外見、昔からの友人、社会的評価を失う。弱くなり、病気になると、肉体的自立を失います。死んでしまえば、それこそすべてを喪失してしまいます!! しかも、こうした喪失は、普通の生活についてくるものです! しかし、誰の生活のことを普通と言えるでしょう。別離による親しい関係の喪失、暴力による安全の喪失、虐待による貞節の喪失、裏切りによる友人の喪失、見捨てられることでの愛の喪失、戦争による家庭の喪失、飢餓、猛暑、冷害による平穏の喪失、病気、事故による子どもの喪失、政変による国の喪失、地震、洪水、飛行機事故、爆撃、伝染病による命の喪失、こうした喪失は、私たちの心と思いに深く刻まれます(19)」。

実に、私たちの人生そのものが、生きている時間が長いほど多くの喪失に出合うという避け難い現実があります。ナウエンは牧会者として、そのことで苦悩している人にどう対応したのでしょうか。

苦悩と向き合う

ナウエンは、これらの喪失を避け、認めることを拒否するのでなく、それと向き合うこと、そこを通り抜けることこそが、光への道だといっています。こうした思想は『傷ついた癒し人』以降、彼の著書の中で一貫しています。苦悩や喪失、悲しみ、落胆のない人生が幸いな人生だと考え、喜びや希望、平安と切り離して考えることは、何の希望ももたらさないというのです。

「こうした個人的な喪失をどうしたらよいでしょう。……他の人と比べればいくらかましだと、自分や人を納得させるでしょうか。あるいは誰かを責めたてるでしょうか。……しかし、他のあり方もあります。悼む（嘆く）というあり方です。そうです。私たちは喪失を悼み（嘆き）ます……。そして、自分自身の内にある喪失という痛みを感じれば感じるほど、悲しみ嘆く心は世界へ心の目を開きます。それは自分の家族、友達、同僚という限られた世界をはるかに超えた苦しみにある世界です。それは、投獄された人々、難民、エイズ患者、飢えて死ぬ子どもたち、恐怖にさらされながら生活している数えられないほどの人々への視野です。私たちの泣き叫ぶ心の痛みは、苦しんでいる人類のうめき、うなり声と結びつきます。こうして、嘆き悲しみは、私たちよりも大きくなります(20)」。

苦悩の中に深く入っていき、苦痛でのたうちまわることは、孤立と絶望への道でなく、ここでいう人類の深い苦悩へとつながることだといいます。こうした理解は、そう簡単に到達できる境地ではないかもしれませんが、ナウエンは、こうした思いもしなかった霊的理解へと招いています。それは世界の貧しい人々の苦悩、被造物のうめきへとつながっていきます。私たちの味わう苦悩と世界にある多くの苦悩は、決して無縁ではないことを知るとき、神にある新しい世界が開けてくるのではないでしょうか。

苦悩から希望へ

自分や他人の苦悩を認め、嘆き、苦しみにある人を思いやり、苦しみを引き受ける道を歩むことこそが、そこから抜け出る道だとナウエンはいいます。その苦難の道を耐えて歩み続けているとき、あることが起こるといっています。突如、あるいは徐々に、悲しみは喜びに、絶望は希望に、嘆きは踊りに変わる瞬間が訪れるというのです。

「しかし、こうしたすべての痛みのまっただ中に、聞き慣れぬ、ショッキングな、非常に驚かされる声が聞こえてきます。その声の持ち主は、こう語っています。『悲しむ人々は、幸いである。その人たちは慰められる』。これは思ってもみない知らせです。嘆き悲しみの内に隠された祝福があるというのです。慰める人々は幸いだというのではありません。嘆き悲しんでいる人が幸いなのです！　どういうわけか、流す涙のただ中に贈り物が隠されています。どういうわけか、悲しみ悼むことのただ中にダンスへと導く最初のステップがあります。どういうわけか、喪失からこみ上げてくる叫びは、感謝の歌に属するのです(21)」。

「悲しむ人々は、幸いである。その人たちは慰められる」（マタイ五・四）、「一粒の麦は、地に落ちて死ななければ、一粒のままである。だが、死ねば、多くの実を結ぶ」（ヨハネ一二・二四）というイエスの不思議な言葉に私たちが耳を傾けるとき、苦難の向こうに希望があることに、少しずつ目が開かれるようになるでしょう。ヴィクトール・フランクルの思想と共通しますが、何もできないほどの無力に陥った人間であっても、どのような態度をとるかという選択が残されているのです。

嘆き、苦しみは神へとつながっていく

「苦しみは、大いなる方の手に自分の傷をゆだねるようにと招きます。キリストの中に神の苦しみを、私たちのために苦しまれた神を見ます。そのお姿は、傷ついた世界のために苦しむ神の愛にあずかるようにと、私たちを招いています。生きているがゆえに味わう小さな痛み、ときに圧倒されるような痛みさえも、キリストの、より大きな痛みと分かちがたくつながっているのです。日々の生活で味わう苦しみは、キリストの、より大きな悲しみとしっかりつながっているがゆえに、より大きな希望へとつながっています。私たちの生活の何一つとして、神のさばきと憐れみから漏れるものはありません」(22)。

「ああ、物わかりが悪く、心が鈍く預言者たちの言ったことすべて信じられない者たち、メシアは

こういう苦しみを受けて、栄光に入るはずだったのではないか」（ルカ二四・二五―二六）というイエスの言葉にあるように、受難がなければ復活も実現しないという真理は、同時に、そこに希望が重なっているという真理に私たちを導きます。私たちの理解はにぶく、できればその悲惨な光景を見つめたくありません。しかし、どんな悲しみ、痛み、大きな罪でさえ、キリストの凄惨な受難と引き離すことができないという発見は、それを受け入れていくことさえするなら、苦難のただ中で希望が芽生え始めるのです。

人間の苦悩を超えたかなたに、神の約束としての希望を持ち続け、暗闇の向こうにあるかすかな光の瞬きを、私たちはかいま見ることができるでしょうか。困難にあっても、私たちには信仰共同体という仲間がいます。神の約束をともに告白し、肯定し、それが実現することを期待する仲間です。ナウエンは信仰共同体こそが、絶望感に巻き込まれそうなとき、私たちに勇気を与え、神は愛の神、いのちの神であることを一緒に主張し、その約束の実現を待ち望むことをさせてくれると励ましています。彼はそれを、不毛な砂漠のただ中に生きる小さな花の美しさに気づくこと、黒いアスファルトでおおわれた道路の小さな割れ目から、緑の若芽が育っているのを見つけることにたとえています。

苦悩を通って希望へ。これはキリストが歩まれた道です。そのことをとおして神の愛、神の栄光が現されたように、私たちもその道をたどることで、神のはかりしれない愛がほとばしり出るのだとナウエンは教えてくれています。

注

（1）ヘンリ・ナーウェン『イエスの御名で――聖書的リーダーシップを求めて』、後藤敏夫訳、あめんどう、一九九三年。Nouwen, Henri J.M., *In the Name of Jesus: Reflections on Christian Leadership*, Crossroad, 1989.

（2）H・J・M・ヌーウェン『傷ついた癒し人――苦悩する現代社会と牧会者』西垣二一、岸本和世訳、日本基督教団出版局、一九八一年。Nouwen, Henri J.M., *The Wounded Healer: Ministry in Contemporary Society*, Doubleday, 1972; *The Living Reminder: Service and Prayer in Memory of Jesus Christ*, Seabury Press, 1977.

（3）Nouwen, Henri J.M., *Creative Ministry*, Doubleday, 1971. ヘンリ・J・M・ナウウェン『友のためにいのちを捨てる――奉仕者の霊性』佐々木博訳、女子パウロ会、二〇〇二年。

（4）Nouwen, Henri J.M., *Intimacy: Pastoral Psychological Essays*, Harper & Row, 1969.

（5）ヘンリ・ナウエン『静まりから生まれるもの――信仰生活についての三つの霊想』太田和功一訳、あめんどう、二〇〇四年、二四―二六頁。

（6）Nouwen, *Creative Ministry*, p.36.

（7）『傷ついた癒し人』、一一五―一一六頁。

（8）ルカによる福音書一五章一一―三二節。

（9）ヘンリ・ナウエン『放蕩息子の帰郷――父の家に立ち返る物語』片岡伸光訳、あめんどう、二〇〇三年、九六頁。Nouwen, Henri J.M., *The Return of the Prodigal Son: A Meditation on Fathers, Brothers, and Sons*, Doubleday, 1992.

（10）Nouwen, *The Wounded Healer*, p.38. 私訳。

（11）Nouwen, Henri J.M., *Creative Ministry*, p.39 に引用されている。Oden, Thomas C., *The structure of awareness*, Abingdon Press, 1969, pp. 23-24.

（12）Nouwen, *Creative Ministry*, p.23. 私訳。

（13）Lonergan, Bernard J.F., *Insight: A Study of Human Understanding*, Longmans, Green & Co., 1957. 参考図書として、J・E・ペレス・バレラ『不思議の国の私――B・ロナーガンによる哲学と方法への入門』ぎょうせい、二〇〇五年。

（14）ヘンリ・J・M・ナウエン『この杯が飲めますか?』広戸直江訳、聖公会出版、二〇〇一年。Nouwen, Henri J.M., *Can You Drink This Cup?*, Ave Maria Press, 1996.

（15）ヘンリ・ナーウェン『愛されている者の生活――世俗社会に生きる友のために』小渕春夫訳、あめんどう、一九九九年。Nouwen, Henri J.M., *Life of the Beloved: Spiritual Living in a Secular World*, Crossroad, 1992.

（16）ヘンリ・ナウエン著、ティモシー・ジョーンズ編『嘆きは踊りに変わる――苦難のなかの希望』小渕春夫訳、あめんどう、二〇〇六年。Nouwen, Henri, *Turn My Mourning into Dancing: Moving through Hard Times with Hope*, compiled and edited by Timothy Jones, W Publishing Group, 2001.

(17) アンリ・J・M・ヌーエン『両手を開いて』高野実代訳、サンパウロ、二〇〇二年。Nouwen, Henri J.M., *With Open Hands*, photography by Ron P. van den Bosch and Theo Robert, Ave Maria Press, 1972.

(18) Nouwen, *Creative Ministry*, p.35. 私訳。

(19) Nouwen, Henri J.M., *With Burning Hearts: A Meditation on the Eucharistic Life*, Orbis Books, Maryknoll, 1994, p.24. 私訳。（ヘンリ・J・M・ナウエン『燃える心で——黙想—聖餐を生きる日常』改訂新版、景山恭子訳、聖公会出版、二〇一一年）

(20) *With Burning Hearts*, p.27. 私訳。

(21) 同、p.28、私訳。

(22) ヘンリ・ナウエン『嘆きは踊りに変わる』、三三頁。

（聖学院大学総合研究所臨床死生学研究シンポジウム「ヘンリー・ナウエンに学ぶ苦しみと希望——祈り、共苦、コミュニティ」（二〇一三年二月十三日）における講演に加筆修正）

第Ⅱ部

境界線を生きる人ナウエン
――心の軌跡と共苦の姿勢から学ぶ

黒鳥　偉作
平山　正実

一　境界線を生きる人ナウエン

ヘンリ・ナウエンは、光の世界と闇の世界の境界線上に生きる聖職者であったといってよいであろう。つまり、日常生活の中に常に聖なる世界、もっと具体的にいえば、神の霊に支配された世界と神のいない暗黒の世界を見据えて生きた司祭、使徒であった。したがって、ナウエンの視界の及ぶ射程範囲は広く、常に鋭い感覚をもって直近なものを、そして境界線の彼方にある遠い存在をも正しく見抜く能力を持ち合わせていた。

イエスを象徴する羊飼いは、囲いの外にいる迷える羊、つまり闇の中で苦しんでいる人々に関心をもったとある（ヨハネによる福音書一〇章一六節）。そして、イエス自身実際に門の外で苦難に遭われた（ヘブライ人への手紙一三章一二節）。ナウエン自身も、この世にある現実世界の闇を自ら体験し、その暗黒の「しるし」とされた病や死を絶えず凝視し、それに伴う「傷」を受苦として引き受け続けたのである。

このように、ナウエンが境界線上に立ち、光と闇とを見据える複眼的思考をもって生きようとすれば、現実の生は当然、緊張と葛藤、分裂の危機にさらされることになる。そのため、ナウエンは一瞬一瞬、不安定で綱渡り的な生き方を自らに課すことになった。

ナウエンのライフヒストリーを俯瞰すると、絶えずこのような苦難と対峙する心の軌跡というものが浮き彫りにされてくる。彼の光と闇に対する鋭い感性はもろ刃の剣的な働きをもっていた。感情の浮き沈みが激しくなったり、自我が引き裂かれ自己同一性（アイデンティティ）の混乱をきたすこともあった。しかし、ナウエンが偉大なところは、そうした自己の混乱、苦しみ、不安、恐怖をありのまま自分で受け入れ、人々にも心を開いて、その現実を告白し、その傷を神への祈りの中でも率直に述べていることである。

二　ナウエンの精神生活

闇の部分

ナウエンは自分の精神生活の闇の部分をさまざまな著書の中で率直に語っている。そこで、ナウエンの精神状態についての研究書を資料に医学的観点から概要をまとめてみたい(1)。

まず、ナウエンの感情や情動面では、空虚感や抑うつ感を伴う不安定感や挿間的に出現する強いイライラ（焦燥感）、不安が認められる。自分は愛されていないのではないか、見捨てられているのではないかといった感覚、この世界では根なし草で居場所がない孤独感や疎外感、などにとらわれることがしばしばあった。否定的な自己像や、不安定な自己評価への性向は、ナウエンをしばしば苦しめ、それを彼は「心の傷」として、まとめている。

光の部分

ナウエンの精神生活をみていくと、いつも闇の部分にとらわれていたわけではない。彼は神の霊の力に導かれて、喜び、希望、勇気、寛大さ、祝福、もてなす気持ちなどを周囲の人々に与え、彼らを救い癒やしていった。彼は、こうした神の霊によるエネルギーを発信する力をもっていたので、彼の周囲には癒やしと救いを求めて、絶えず、友人や病人、障がい者などが集まってきた。ところで、精神世界で、このような光と闇との緊張感に苦しんでいたナウエンは、次のようにいっている。

「人の中にはライオンと羊の両方が存在します。霊的成熟とは羊とライオンが共存する能力です。ライオンとは成熟したあなたであり、積極的な自己です。それは、自信に満ちて行動を決定することができる自己です。しかし同時にあなたの中には恐怖心に満ちた傷つきやすい羊がいて、その部分は愛情、支え、確認、保護を必要としているのです(2)」。

ナウエンは、人間の現実に認識される積極性と脆弱性を凝視し、さらに両端のバランスを保つことの重要性を指摘している。

三　発達史的観点からみたナウエン

ナウエンの父親はオランダ政府の税務関係の仕事をする公務員であった。町では一家はエリート家族として知られていた。ナウエンはこの家に長男として生まれ、下には弟と妹がいた。両親、とくに父親は、長男で成績が優秀であったナウエンの将来に特別な期待をかけていた。ナウエンの家庭は裕福で、親は教養もあり著名で、しかもみんなが深い信仰心によって支え合っていた。しかし、両親のナウエンに対する態度は弟、妹と異なっていた。そのことは、ナウエンが司祭職への召命を告白したときの両親の反応によっても明らかである。父は、「お前がこの世界で一人前の人間として、他の人と競い合って、何ができるというのを見せてみなさい。何かをやり遂げてみなさい」と言った。他方、母は、「何をしようとも、キリストから離れてはいけませんよ。大きなことをすることが大切なのではありません。大切なのはいつも心にイエス様を招き、彼の導きを見失わないように」と励ましていた。(3)ナウエンは後に、司牧生活において振り返ったとき、前半の三十年は父の影響を、後半の十年は母親の影響を受けたと語っている。もっとも、ナウエンは、常に父親の厳しい規律や出世志向に対して大きな隔たりを感じて、一種の近寄りがたさをもっていた。つまり、愛情への限りない飢えや愛されないことへの恐れから、他者から評価されることへの過敏といってよいほどのこだわりが生まれた。そして、些細な批判や態度によって容易に傷つき、羞恥心や屈辱感といった感覚が醸成されていったのである。ナウエンは、そのような自己の精神生活を「心の傷」としてとらえたのであろう。

それでは、ナウエンが人生の前半三十年にわたって、父親から影響を受けたプラスの側面とは何だったのだろうか。この点を彼の生涯から読み解くためには、人生の前半の彼の職歴をみれば、ある程度わかるだろう。彼は、ノートルダム大学、イェール大学神学院、ハーバード大学神学院の教授を務めた。彼はハーバード大学の教授になったとき、まさに司牧教育における最高の知的エリートとしての階段を昇りつめたといえるのである。その間、数多くの書物を刊行している。評判の良い講義をして、また、多くの市民向け公開講座の開催に関与することもあった。本職である教会の司祭としての仕事もあり、日常生活は多忙を極めた。このようにナウエンは、名声、賞賛、成功を獲得しようと努力してきた。しかし、ナウエンは、ハーバード大学神学院教授という、俗的にいえば出世の頂点に立ったとき、人々から必要とされていると感じる一方で、「内なる声は言い続けるのでした。自分の魂を失って他の人に福音を述べ伝えることに何の益があるのか」と述べている(4)。

頂点に立ったところから、彼の「自らを低くする道」への転換が始まった。つまり「下り坂」、「陰《よ》府《み》に下る」道が始まるのである。

四　現代の「陰府」に下っていったナウエン

ナウエンは人生の後半の十年、司牧や教育活動と並行して、ＨＩＶ感染症・エイズ患者、圧政下で貧困と人権侵害に苦しむ南米の人々、同性愛者などセクシャル・マイノリティに属する人々、ホームレスの人々、死の淵をさまよう患者など、この世の「陰府」の立場にいる人々に積極的にかかわっていった。そして、最終的には、知的障がい者や重度の身体障がい者のケアを目的とする治療共同体、ラルシュ（箱舟を意味する）の職員になった。この共同体は神の愛を証するためにジャン・バニエの創設したもので、文明の「解毒剤」として、多くの人々に評価されていた。

ラルシュに集まるのは、身体的次元、精神的次元、知的次元、社会的次元のいずれにおいても、人の助けなしに生きていけない弱い存在である。彼らの多くは、社会から疎外され、孤独であって、自分の権利さえ主張できず、目立つことなく、沈黙せざるをえない環境に置かれていた。ナウエンは、このような忘れられた人々と連帯すべく、世俗的にみれば高い地位にある教職を捨て、その高みから「陰府」の世界に下っていったのである。

五　ナウエンはなぜラルシュに関心をもったのか

ナウエンは、自らの観想生活の中で行った深い省察の中で、彼自身の精神世界において、深い心の傷（vulnerability）ないし内的葛藤を背負いながら生きなければならないことに気づいていた。しかも、ナウエンは自分の弱さないし自己の限界性を、防御ないし隠蔽することなく、著書や会話の中でさらけ出していたのである。むしろ、自分の痛みを告白することが、人のために役立つと信じていた。人間には、苦しみを自分のことのようにして受け止めてくれる存在が必要だと語っている。(5) しかし、なぜナウエンはそのような気持ちになったのだろうか。それは、神の子イエスが、かつて十字架上で死に、陰府にまで下り、見捨てられ捕われた人々と連帯し、現在もまた未来においても、彼らを癒やし救い自由にするということを信じていたからである。

つまり、ナウエンは、自分の信じるイエスにおいて、自らと弱く小さい人たちとつながることができると考えたのである。ナウエン自身、アウグスティヌスが『告白』の中に書いている「私たちの心は、あなたのうちに憩うまで、安らぎを得ることができないのです」(6)という言葉に共感していた。それゆえにこそ、現代における「陰府」の世界に生存する「無」の象徴とでもいえるような人々も、イエスに連なれば癒やし救われると信じていた。

大切なことは、ナウエンがイエスの中に憩いを見つけたことである。ナウエンは、イエスの業《わざ》に従い、この世の小さきもの、弱きもの、闇に住むものと連帯し、彼らを癒やし救おうとした。そして、そのような業をとおして、自らの魂も癒やされ、己の真の自己同一性を確立することができた。

六　ナウエンの死に対する態度

ナウエンは、誰もが心の傷を避けられない存在であり、「どうやって心の傷を隠せるか」というよりも、「心の傷をどうやって人々のために役立てるか」という問いかけが重要であると考えている。そして、その背景にはイエスこそ神から与えられた傷ついた癒やし人であったという確信があるので

ある。(7)

さらに、ナウエンは、死を必ずしも否定的にはとらえない。イエスの生き方と私たちの人生との連続性を確かめることによって、死が神の御元へ帰る分岐点であると理解できることを強調している。

そこで、ナウエンの死に対する態度と思想はどのように形成されてきたのか、次の二つの出来事に注目したい。

まず、最愛の母をがんで亡くしたときの喪失体験と再生の過程を見逃すことはできないであろう。(8)母は死の床において、がんの痛みと戦った。闘病はきわめて人間的な営みであり、臨終に際する不安や孤独、苦痛などありとあらゆる病の諸相が発現される。安らぎや穏やかさとは対極に位置する現実的な母の姿、直面した苦悶に対し、信仰の試練として新しい言葉が必要であったことをナウエンは吐露している。

そして、彼はその様子をキリストの十字架の苦しみに重ね合わせ、そこにイエスの生き方と受難を分かち合う信仰をあらためて見いだすという境地に達した。キリストの御心と共に生きたいと望む者は、誰しも、キリストの受苦と共に臨終を迎えるように召されているのではないかと語るのである。その視点は、ナウエンが病に苦しむ人の傍らにいることから生み出され、発せられた言葉であろう。

また、ナウエンはキリストの弟子たちの仕事（宣教）がキリストの死後に完成した例をあげている。人の死によって未来に持ち越された事柄が完成する、つまり、死によって残されたものが未来においてさらに大きく恵み豊かに生かされることがあるとしている。

ナウエンは、母が生きている間はその存在がごくわずかな人のものであったが、その死によって周囲の人々に「色々な形で、恵みを与える存在になった」としている。その死が愛というかたちで時空間を超え、普遍化され継承されることがある、と述べている。つまり、死に遭遇したときに、過去にとらわれてしまい未来の可能性を閉じ込めるのではなく、希望に対して心を開き、過去を切り離す勇気と自由を持ち合わせ、そして神に委ねた生き方を心に抱いていくことの重要性を語っているのである。また、新たな人生を踏み出すためには、死者の生涯を肯定的な方向に再評価する必要があるということも主張している。このような死者と残された者への感性は、グリーフケアにとってもっとも大切な視点であることに間違いはないであろう。

次に、母の死に続く出来事として、ナウエンが負った自身の外傷と臨死体験を考察したい。ナウエンは、歩行中、突然走ってきた自動車のサイドミラーにぶつかり、跳ね飛ばされ、重傷を負った経験を ***Beyond the Mirror*** という本の中で語っている(9)。これが死に直面した第二の出来事である。この時、ナウエンの内臓は破裂し、生死の境をさまよったのである。彼はその時のことを回想し、一種の臨死体験の中で神からの招きがあったという。神が一層自分の近くにいることが感じられ、そして、死に対する恐怖は消えたと述べている。

ナウエンは自身のそうした臨死体験をとおして、死は次の段階に入る入口であって、生涯が終結すると神の大きな愛に包まれその懐に帰る、と確信するようになったと語っている。

一方で、ナウエンは助けられたことに感謝しながらも、神の御元に行くことを拒まれたようにも感じ、死が遠ざかったのではなく、むしろ自分の課題や葛藤のためにこの世に残されたのではないか、と考えるようになったという。そして、この世の境界線上における苦闘とは、愛する人との別れではなく、和解することができなかった人々と別れることであり、その作業が完成されていないことを苦悩し、深い悲しみに陥ったと告白している。

九死に一生を得た経験と神と向き合う洞察から、死の過程とは他者のために生きる旅そのものであり、子どもから大人へ、大人から老いへ、小さな出会いと別れの機会を連ねることであるという結論を導き出している。つまり、肉体的な死だけが喪失なのではなく、私たちは日々、喪失と再生、神から与えられることとお返しする作業を繰り返しており、その反復の時の中で他者のためにどう生きるのかが、人生における最大の役割であると述べているのである。

他者のために生きることは、すなわち神の応答を待ち望む姿勢であり、しかし受け身としてではなく、神によって与えられた今という時を育む積極的な心のあり方として貫く態度であると説いている。そして、自分の抱く想像や予想をはるかに超えるものが私たちの身の上に起こることへの希望と、神の方向を向き続けるというこの姿勢自体こそが聖書全体をとおして鳴り響いている一貫したテーマでもあるともナウエンは主張している。(10) イエスの生涯そして受難こそが、自分の思いどおりに操作できなかったがゆえに、逆説的に神の子としての存在を浮き彫りにした事実は、キリスト者にとって信仰の根幹をなし、むしろ私たちにはっきりと愛の在りかを教えていると述べている。

母の死、そしてナウエン自身の交通事故はナウエンの精神世界と、育み続けてきた思索を統合する出来事であった。それは自身の存在の根底がまったく不確かで、自分は無力であると感じさせられると同時に、この世の競争社会の基準から離れ、生まれる前から神のものであり、死んでからも神に属するという信頼を得るようになったことを知らせる出来事であった。人生の華やかな部分ではなく生々しい現実に直面したとき、クレネのシモンがイエスの十字架を担いだように、私たちにも新たな神との交わりを行う機会が与えられているとナウエンはいう(11)。手術の傷が癒え現場に復帰し、ラルシュでの生活に彼は戻り、さらに創造的な活動を行った。

これまで、母の死、ナウエン自身の外傷体験に基づいてみてきたが、それ以上に信仰の共同体での生活、共に暮らす人々との出会い、交わりこそがナウエンの死に対する姿勢を育てていったことは想像にかたくない。それはまさに、新約聖書の奇跡物語、とくに癒やしの物語においてイエスが数多くの病人を癒やしただけでなく、イエスこそが病人一人ひとりの内に秘められていた神への信仰、信頼に気づかされ、人類の罪を背負いこの世に救いをもたらしたキリストとしての生涯が形成されていったことと一致しているのである。

このようなナウエン自身の心の傷、母の死、外傷を超えて、他者によって人生が導かれ生かされていた事実は、ナウエンの共苦の姿勢を肯定した原動力がどこに位置していたのかを再確認させるものである。ナウエンの『アダム』(12)という本の中で一人の友への感謝の表れの中にその核心を読み取ることができるであろう。その後、心臓発作により生涯を閉じる直前、ナウエンは、「私は死ないと思うが、もしもそうなったらみんなに私がどんなに感謝していたか伝えてください」と詩編九一編とともに語ったとされている。[13] 彼は傷や病を背負いながらも、キリストに根ざすという中心軸に常に立ち返ろうとしていた。たとえ傷を負っていても、どんなに罪深い者であっても、生きる中心をこの世の栄華に置くのか、それとも神の支配する世界に見いだすのか、この世で霊的に生きる立脚点の重要性を主張している。

そして、もし神に愛されている者として生きようと決意することができるならば、生死の境をはるかに超え、短い人生で学んできたことを、心待ちにしている神に物語る日を待ち望むことができ、死に対する恐れは自然と消える。[14] そうナウエンが友に語りかけていることは、文明社会を生きる私たちへの慰めになるであろう。

七　「キャリー」という医療哲学

苦難の僕と病を担うイエス

前述のように、ナウエンの共苦の姿勢には、傷つき病を担うイエスの存在がその基にあることを見過ごすことができない。それでは、キリスト教における病を担う意味とは一体どのようなものであろうか。

イエスは新約聖書の中で数多くの癒やしを行ったが、その前提には神の栄光を現す目的があり、そのために旧約聖書からのあるつながりを垣間見ることができる。マタイによる福音書八章一七節には、イエスの癒やしの業が行われた根拠として旧約聖書からの引用が付け加えられている。「彼はわたしたちの患いを負い、わたしたちの病を担った」というその引用は、イザヤ書五三章四節からとられた箇所であり、第二イザヤと呼ばれる預言者が苦難の僕という人物もしくは人格化された共同体を語っていると考えられている。[15] 苦難の僕は軽蔑され、人々から見捨てられ、多くの傷を負い苦しみ、栄光の姿とはほど遠かったが、そういう姿である信仰者の中にこそ神と人間との執り成しが行われ、歩むべき道が指し示されると考えられた。当時、病は因果応報によって与えられた神の罰として理解される側面があったが、[16] この僕の存在によって苦難の意味が新しくとらえなおされたのであった。

病という絶対的に負の状態にあったにもかかわらず「担う」という思想があることを肯定した預言者がいたことは驚くべきことである。そして、共同体の罪を一身に背負い傷ついた苦難の僕がイエスと重ねられ、救い主の根拠として引用されている。病が担われたという理解は継承され、新約聖書の根幹をなしているのである。

ところで、前述の場面において病を受け担う存在の主体は、厳密にいえば病人であるはずである。一方、イエスは癒やす主体であって病人ではなかった。もし、イエスがこの物語の中で病を担ったとするならば、治癒することと罪を背負うことが同時に行われたという言及がなければイザヤ書からの引用は不十分であり、一見ふさわしくないとも考えられる。[17] しかし、イエスの行った癒やしと赦しの奇跡の業の背後に、ただ病を取り除くだけでなく、病人の痛みや苦しみ、傷をわが身のことのように感じ、とらえ、焼きつけ、共に担うということが同時になされている。病を担う行為が罪を背負うことそのものであり、神の栄光を現すために不可欠であったのである。この視座に私たちが立つことができれば、病を担う本質への深い理解へとつながるのではないだろうか。そして、このような視点から新約聖書の治癒物語を俯瞰すると、病を担うイエスの姿勢はすべての物語をとおして重低音のように流れる祈りのようにとらえることができるのである。

癒やされる者だけでなく、癒やす者が病を担っている者であることを自覚するよう求められている。このような聖書の預言はおのずと永遠性を帯び、さらに、その支点を軸にしてナウエンの傷ついた癒やし人への勧めとイエスの働きが動的に一致するのである。

ナウエンは神の前で行う傷の宣言をするとともに、傷をとおして他者と真にかかわり連帯することをその人生において示した。この視点は、人間中心主義が時代の趨勢となっている時代において国や社会を超えて訴えかけてくるのである。ナウエンの生き方は、人間が根本的に生きる指針とは何かを示す羅針盤のようなものである。傷ついた癒やし人が病を担う真の意味を探究することによって、病気と向き合う私たちの生活に福音がもたらされる可能性を最後に考えたい。

癒やす人の謙遜と病む人の信頼

現在、医療は目覚ましい発展を遂げ、ありとあらゆる病に対する治療の可能性が広がっている。遺伝子治療、ｉＰＳ細胞による再生医療、病気の早期発見の技術、公衆衛生や予防医学の進歩は急速に進み、世界の国々が協働して取り組む一大産業に変化しつつある。

疾患としてとらえられる範囲は広がり、身体的のみならず精神的疾患や老化現象に対しても新しい希望を見いだしていることは疑いようがない。しかし、肉体への配慮が尽くされる一方、魂への配慮の欠如を指摘されることがある。[18]かつて医療の進歩とともに「病気を診て病人を診ない」時代と批判され、その反動とともに全人的医療が提唱されて久しいが、今ほど医療現場において信頼関係を結び、治療を受けることが難しい時代もないであろう。本来、医療とは治療者と治療を受ける者との協働作業にほかならないが、知識や技術があまりにも複雑化、高度化し、目の前の人までも物質的、機械的にとらえる傾向にありがちである。皮肉にも人間的な気遣いや配慮といった共感の部分がなおざりにされてしまった側面は否めないのではないだろうか。また、患者の権利が尊ばれる一方、極端に進められた個人主義化は治療される側を孤立させ、難解な医療言語の洪水の中で困惑させてはいないだろうか。

臨床現場にはさまざまな戸惑いがある。健康は社会の責務であり人生全体が医療の対象に含まれることは避けられない。さらに診断と治療への可能性は追い求められなければならない。むろん、闇の一部と考えられている病を治療していくことは人間の光であり、生命の希望であることに変わりはない。しかし、問題にすべきは、人生のありとあらゆる疑問、矛盾、理不尽な現実が、医療的、専門的知識や技術によって解決できるという幻想を患者も医療者もいつのまにか共有してしまっていることではないだろうか。そのことによって、人間の手に負えない事態を引き起こしてはいないだろうか、という臨床からの問いがある。迷信や魔術は否定されなければならず、物事を客観的に正しくとらえ、治療につなげる努力を怠ってはならない。しかし、医療の光の目的に矛盾するような利益相反や医原病など社会の医療化の問題を正しく認識できているであろうか[19]。医療者も人間的な弱さを抱えているのであり、その私たちが医学の進歩、発展に本当に追従できているのか、不安に陥る。人間の幸福を追求する技術革新のはずが、ナウエンのいう傷を私たちは隠し見えないようにしながら理不尽な現実への配慮を無視し、むしろ新たな苦悩を生み出してはいないであろうか。

このような問題意識をもつと、傷ついた癒やし人であるナウエンからのメッセージは、無味乾燥となっている医師患者関係においても、また複雑化する現代社会においても、人間の欲望の追求を至上に掲げる時代にも、大きな意味を与えることができるであろう。

人生の車輪

たとえば、人間の苦悩を生老病死として考え、病と死に加え、高齢化社会の現代における老いの諸相を考えてみたい。老化は機能の低下や負の流れとして医学的に説明されることが多い。老いることは人間の成熟の最終段階にもかかわらず、過去にとらわれ、失われた若さや、限られた人生への不安を口にする方々も多い。

ナウエンは年齢を重ねることを車輪にたとえ、誰もが歯車を回していく存在であるから、老いの景観とは共同体で必然的に共有する経験ととらえている。[20] そのうえで、世話する（care）ということにおいて、自己に内在する老いへの接触と、限られた時間を意識することにより共感が生み出されると述べている。

ナウエンの立場から老いを洞察すれば、年を重ねることは神に与えられたものを返還していく作業であるともいえる。神に人生の大切な時間を返すという視点に立てば、たとえば認知症による短期記憶の忘却さえも神にささげる尊い過程の一つであると理解される。患者としてではなく、神とのつながりにおいて尊厳が保たれるという認識の転換をすることができるのである。記憶の獲得と忘却の作業は、どの瞬間を切り取ってみても神と向き合う祈りには違いない。さらに突き詰めていけば、年齢を重ね老いることのみが神とのつながりを生むのではなく、そもそも人間は日々神に何かを与えられ、また何かを返していく、そのように喪失と再生、回復を繰り返しているのである。たとえ衰えや喪失の時のさなかにあっても、同時に与えられる若さや日々の輝きが含まれているはずであり、さらに微視的な視点でいえば、生命の維持においても身体の恒常性（ホメオスタシス）を保つために呼吸や循環、代謝を怠ることはないのである。

ナウエンはこのように日常的に喪失と再生を反復する存在である私たちに、自分の生涯の経験をとおして経験を共有する大切さ、そして限られた人生の時間を意識することによってお互いがお互いの癒やし人になることができると示している。彼の思想によると、癒やす人と、癒やしが必要な人の間の相互関係がもっとも重要であり、癒やす人の謙遜と病む人の信頼が癒やしの成就には欠かせないという。[21] この指摘を、現代の医療者と患者に置き換えても通じるところがあり、臨床現場における信頼関係を築く上でも欠かせない医療哲学になりえよう。

さらに、ナウエンはとくに死が迫っている人に対し、神の道を準備する介護の視点が重要であると述べている。介護者も介護される側も、世界中の人類の長年にわたる苦しみの歴史と自分を一致させ、苦しみを共に担うことによってやがて来る未来の世代の親となり、生きる方向性を見いだすことができると主張している。[22] 臨終の床に臥すことは絶望の象徴なのかもしれないが、弱さの中にあってキリストに根ざし、キリストによって連帯する方向性を向く心が、人間である存在への原点回帰につながると説いているのである。

三つのC——キュア、ケア、キャリーの統合

日本においてもナウエンの生き方を実践しているキリスト者は多い。ナウエンが伝えるメッセージ、つまり、人間は傷つくことを避けられない生命であり、傷つくことに意味を見いだしたときに真の癒

やし人になることができるというメッセージは、医療者をも励まし、また病に苦しむ人々の立場に配慮する重要な視点を常に意識させるであろう。医療には、キュア（cure）という治療の概念と、キュアの相補的かつ中心的役割であり世話を行い人間全体の成長を助けることを意図するケア（care）という大きな二本の柱がある。他者の生命を守ることが医の使命であり、その義務は宗教の教えや道徳律と一致していると考えられているため、医療行為そのものが倫理的な実践ということができる。

しかし、医療者は実践形態であるキュアやケアをそのまま信条としているのではなく、臨床を行う背景には必ず何らかの物語によって生かされている自分がいるはずである。それは傷つくような体験であったり、時として耐えられない重荷を背負わされていることなどである。このような体験をとおして医療者としての人格が形成されることを忘れてはならないであろう。臨床の知恵や医の倫理の背後に位置し育まれた何らかの思想体系を、病を担うイエスやナウエンのいう傷ついた癒やし人から私たちは導き出すことができるのではないであろうか。

そこで、これまで考察してきたナウエンの心の軌跡を洞察し、医療の中で病を担う者の苦しみや悲しみに配慮しつつ、共に傷を抱える者として創造的に治療関係を発展させていくことを、キャリー（carry）と定義したい。そして、前述のキュアとケアを統合した三つのCの実践こそが、ナウエンのいう傷ついた癒やし人としての医療者の姿であると考える。

傷ついた癒やし人、平山正実

たとえば、日本の精神科医療にキリスト者として携わってきた平山正実もキャリーを実践し、病を担う者に関わり続けた人物の一人である。平山は医療に介在するキリスト教の癒やしを信じ続けた信仰者である。平山は臨床を重んじ、クリニックや地域支援センターを通じて精神障がい者への自立支援に力を注いだ。また、自死予防とともに悲しみにある遺族へのいわれなき非難を知り、自死遺族への支援やグリーフケアをとくに重要視した。さらに、悲嘆研究とともに看護師との対話を通じて、緩和ケアには終わりではなく、はじまりの学問が必要と痛感し、日本の臨床死生学を立ち上げた第一人者となった。

さまざまな活動の原点として、平山には大学生時代の親友の自死という出来事があり、現在でも自身の行動に影響していると告白している(23)。平山は彼の死によって激しい揺さぶりを経験したが、その親友が残したメッセージを抱き続けることによって、むしろ平山自身が生かされ、そして自死した親友も共に生きているという。平山が遺族支援を立ち上げ、グリーフケアに力を入れ、社会の中で問題提起していたことは、自死という事柄のみが表面上で扱われてしまい、当事者の生き方がないがしろにされている点に集約されている。つまり、どんなかたちの生、そして死の諸相があったとしても、関心をもつべき視点は、単純に過去の事実を列挙し客観的な対象として分析することではなく、「一人の人間としてどのように苦しみ悩み、そして生きようとしたのか」という苦難の中で生きようとした隣人を私たちの苦悩と受け止め、共苦の思想をもって神の愛する子として正当に評価することであるという。このように、悲嘆研究から臨床死生学へ応用された平山の思想の核心には、キュアとケアの出発点である忘却できない体験が位置しているのである。

病を担う意味

平山の目指す共苦の思想には、キャリーという医療哲学が土台になっており、キュアとケアの実践が行われているのである。それは、ナウエンの指摘する傷を大切にする生き方と共通する態度表明であり、信仰をもつ者としてこの世で病を担うイエスと共に生きていく姿勢にほかならない。ナウエンの生涯は共苦の姿勢に貫かれていたが、その背後には共に傷を担うイエスがいた。また、平山の臨床には共に悲嘆を担うイエスがいた。

平山の生き方、そしてナウエンの生涯を省みることによって、医療者としてキュアとケア、そして、キャリーの三つのCを統合し、臨床応用していくことが、弱い生命体である人間が文明の進歩に合わせ生きていく新たな希望の灯火になりえるのではないか。

キュアやケアの方法や結果のみに重点が置かれている現在の医療体制の中で、共苦の姿勢を大切にするキャリーを根本に位置づけることが平山の目指した医療であった。キュアとケアの癒やしと、その先にある救いを追い求める信仰の共同体として連帯していくことが、医療の発展と人間の生き方を同時に肯定する鍵になると筆者は考える。ナウエンのいう傷を避けられない存在である私たちが、それぞれの重荷を「どう担っていくか」というキャリーの生き方に立ち戻り神の前で告白することこそ、まだ見えない未来を形づくる礎となるであろう。

現代において「苦難の僕」は患者の原型、イエスの生き方は医療者の姿に重ねられ、そして、両者は病を担うという一点において一致する。そして、この一致において、患者は自分のみならず周りに集う者の導きとなり、また治療者は病者によって力づけられ、新たにキャリーする存在へと変えられる。このようにして、病という苦難が終点なのではなく、「病を担う」ことは創造的人生へのはじまりであるという視座に共に立つときこそ、医療における魂への配慮の第一歩となるのである。

注

本稿は、一、二、三、四、五章を平山が、六、七章を黒鳥が分担執筆し、全体をまとめた。

(1) マイケル・オラフリン『ヘンリ・ナウエン——その生涯とビジョン』廣戸直江訳、聖公会出版、二〇一二年。**O'Laughlin, Michael, *Henri Nouwen: His Life and Vision*, Orbis Books, 2005.**
酒井陽介『ヘンリー・ナーウェン——傷つきながらも愛しぬいた生涯』ドン・ボスコ社、二〇〇八年。

ミッシェル・フォード『傷ついた預言者――ヘンリ・ナウエンの肖像』廣戸直江訳、聖公会出版、二〇〇九年。Ford, Michael, *Wounded Prophet: A Portrait of Henri J.M. Nouwen*, Darton, Longman & Todd, 1999.
大塚野百合『あなたは愛されています――ヘンリ・ナウエンを生かした言葉』教文館、二〇一〇年。

(2) 前掲書、『傷ついた預言者』、六三頁。

(3) 前掲書、『ヘンリー・ナーウェン』、三八頁。

(4) 前掲書、『ヘンリ・ナウェン』、一一七頁。

(5) ヘンリ・J・M・ナウウェン『心の奥の愛の声――苦悩から自由への旅』小野寺健訳、女子パウロ会、二〇〇二年、八七―八八頁。Nouwen, Henri J.M., *The Inner Voice of Love: A Journey through Anguish to Freedom*, Doubleday, 1999.

(6) アウグスティヌス『告白』山田晶訳、世界の名著14、中央公論社、一九六八年、五九頁。

(7) ヘンリ・J・M・ナウエン『今日のパン、明日の糧』嶋本操監修、河田正雄訳、聖公会出版、改訂版、二〇一一年、一三八頁。Nouwen, Henri J.M., *Bread for the Journey: A Daybook of Wisdom and Faith*, HaperCollins, 1997.

(8) ヘンリ・J・M・ナウエン『母の死と祈り――魂の暗夜をこえて』多ヶ谷有子訳、聖公会出版、二〇〇三年。Nouwen, Henri J.M., *In Memoriam*, Ave Maria Press, 1980.
ヘンリ・J・M・ナウエン『慰めの手紙』秋葉晴彦訳、聖公会出版、二〇〇一年。Nouwen, Henri

J.M., *A letter of Consolation*, Haper SanFrancisco, 1982.

（9） Nouwen, Henri J.M., *Beyond the Mirror*, Collins, 1990.

（10） ヘンリ・ナーウェン『待ち望むということ』工藤信夫訳、あめんどう、一九九八年。Nouwen, Henri J.M., *The Path of Waiting*, Crossroad, 1995.

（11） ヘンリ・J・M・ナウエン『イエスとともに歩む――十字架の道ゆき』景山恭子訳、聖公会出版、二〇〇〇年、四三―四七頁。Nouwen, Henri J.M., *Walk With Jesus: Station of the Cross*, Orbis Books, 1990.

（12） ヘンリ・J・M・ナウエン『アダム――神の愛する子』宮本憲訳、聖公会出版、改訂新版、二〇一三年。Nouwen, Henri J.M., *Adam: God's Beloved*, Orbis Books, 1997.

（13） 前掲書、『傷ついた預言者』、三一九頁。

（14） ヘンリ・ナーウェン『愛されている者の生活――世俗社会に生きる友のために』小渕春夫訳、あめんどう、一九九九年、一四三―一五四頁。Nouwen, Henri J.M., *Life of the Beloved: Spiritual living in a Secular World*, Crossroad, 1992.

（15） 松永希久夫『松永希久夫著作集第一巻――史的イエスの考察とキリスト論』人麦出版社、二〇一〇年、二六七―二八一頁。

（16） 木田献一、山内眞監修『新共同訳　聖書辞典』日本基督教団出版局、二〇〇四年、一一九―一二〇頁。

(17) 中沢治樹『苦難の僕』山本書店、一九七五年、四八―四九頁。

(18) 加藤敏編著『レジリアンス・文化・創造』金原出版、二〇一二年、三一―五一頁。

(19) イヴァン・イリッチ『脱病院化社会――医療の限界』金子嗣郎訳、晶文社、一九九八年。

(20) ヘンリ・J・M・ナーウェン、ウォルター・J・ガフニー『闇への道光への道――年齢をかさねること』原みち子訳、こぐま社、一九九一年。Nouwen, Henri J.M. and Gaffney, Walter J., *Aging: The Fulfillment of Life*, Longman & Todd, Doubleday, 1966.

(21) ヘンリ・J・M・ナウウェン『最後の日記――信仰と友情の旅』太原千佳子訳、女子パウロ会、二〇〇二年、一七二頁。Nouwen, Henri J.M., *Sabbatical Journey: The Diary of His Final Year*, Crossroad, 1998.

(22) ヘンリ・J・M・ナウエン『最大の贈り物――死と介護についての黙想』廣戸直江訳、聖公会出版、二〇〇三年、五三―九七頁。Nouwen, Henri J.M., *Our greatest Gift: A Meditation on Dying and Caring*, HarperCollins, 1994.

(23) 黒鳥偉作・平山正実対話集『イノチを支える――癒しと救いを求めて』キリスト新聞社、二〇一三年。

ナウエンの孤独が問いかけるもの
――ロンリネスからソリチュードへの旅

堀　肇

一　はじめに

ヘンリ・ナウエン（Henri J.M. Nouwen）をはじめて知ったのは、三十年ほど前になるが、『傷ついた癒し人――苦悩する現代社会と牧会者』(1)をとおしてであった。これはナウエンの代表作で一九七二年に出版されたが、彼がイェール大学神学部に牧会神学の教授として招聘された翌年であった。そのころ日本は高度成長期のまっただ中にあり、キリスト教会も少なからずその哲学や価値観の影響を受けていたように思う。筆者は伝道・牧会生活の中で、この時代の空気に息苦しさを感じていたので、本書との出会いは衝撃というより、書かれた内容を読んで慰められ、励まされたというのが正直な気持ちであった。

その内容は後述することにして、もう一つ記したいことは、十二年前に某大学で牧会心理学の授業を担当したとき、これをテキストにしたことがあり、噛み砕いて解説したところ、学生たちが予想外によく理解したという思い出がある。生産性至上主義・効率主義の社会の中を生き抜いてきた親たちからの影響によって、人知れず傷ついてきた若者にとって、ナウエンの視点は親しみやすかったのだろうと思う。皮肉なことに当時の牧師たちに本書を紹介しても、それほど興味を示さない方々が多くあったという記憶がある。これは今でもそうかもしれない。

さて筆者は、その後、自らの霊性の涵養のため、また牧会心理学や霊性の教育と研究のためナウエンの本を読んでいったが、彼の提示する数多くのテーマの中から核心的部分と考えられる「孤独」(ロンリネス、loneliness)の問題を取り上げてみたいと思う。といっても本稿は、一定の研究方法を確定したいわゆる「ヘンリ・ナウエン研究」の論文ではないことをあらかじめ申し上げておきたいと思う。

二　ナウエンの孤独の世界

ナウエンの霊性や思想を理解するためには、いろいろな入り口があるが、彼の実存的な問題である「孤独」について考察しないと、その人間性や霊性、また牧会(司牧)的働きや教育活動などの本質を理解できないのではないかと思われる。ナウエンにとって孤独の問題は、自己の存在を揺さぶるほどの大問題であったことは、どの著書を読んでもよくわかる。孤独は彼にとって精神的危機に近いレベルの課題でもあった。しかし、その孤独が「奉仕の源泉」にもなりうるという。この認識は新鮮というより牧会者・奉仕者にとって衝撃に近いものではないかと思われる。はじめにナウエンの孤独を取り上げるにあたって、孤独そのものについて考察してみよう。

本来、孤独というものは、ナウエンの師であるジャン・バニエ（Jean Vanier）がいうように「人間の本性に元来備わっていて、……隠蔽することができても、決して本当になくなるものではない(2)」のだが、それを感じるかどうかは、個人差がある。仕事が順調で人間関係も円滑にいっていても、ふとした瞬間に漠然とした孤独感を覚えることがある。大衆の中で、また仕事や行事が終わってひとりになったときなど、誰もが感じるものである。

これについてもう少しバニエの言葉を借りて考えてみよう。

「孤独は、ちょっとした心の動揺や不満感、心の落ち着かない状態などという形で現れます。孤独はいつやってくるか分かりません。病気の時やまわりに友だちがいない時に、私たちは孤独に感じます。悩み事があって眠れない夜や、仕事や人間関係がうまくいかない時、また自分自身も他人も信用できなくなった時にも孤独を感じます。年をとったら誰でも、突然、孤独に襲われ、押しつぶされそうになることがあります。そういった時、人生が意味を失うということがあります(3)」。

バニエが記しているこのような孤独は、程度の差こそあれ、条件さえ揃えば誰にでも生じるものであり、長い人生の旅路のどこかで普通に経験しうるものである。老年期の特別な孤独なども深刻ではあるものの、きわめて例外的というものでもない。

さて、このような孤独は誰でも理解できるものだが、ナウエンが戦った孤独というものは、その深刻さにおいて危機的な性質を帯びたものであったと考えられる。例えていえば、普通の孤独が風邪とするならば、その孤独は肺炎に近いようなものといっていいかもしれない。彼はこの種の孤独について、『差し伸べられる手』の中で次のように述べている。

「心の奥底に不安のような気分が次第に強くなってきたときの精神的な渇きや飢え、解消不能な不安感から、『独りぼっちで寂しい』と口にしてしまうものだ。

孤独は人間にとってもっとも普遍的な経験だが、現代西欧社会では、独りぼっちの感覚を極限まで強めてしまっている」。

「孤独であると、人はだれでも他人が自分のことを考えたり、愛したりしてはいないのではないかと疑って傷つくことがあり、そんなときに自分には救われる場もないのではないかと、疑心暗鬼になる。日常的で大したことではないのに、ちょっとばかにしたようなほほえみや、少々侮辱的な言質、一刀両断に拒否されたり、黙殺されたりすることが、闇のなかに独り置き去られたような気持ちをもたせる」(4)。

この文章は客観的で落ち着いた叙述だが、ナウエン自身の体験に基づいたものである。ただ「独りぼっちで寂しい」とか「闇のなかに独り置き去られたような気持ち」という言葉は彼自身の告白的言辞ではあるが、一般化されている。もう少し彼自身の魂の内奥から現れ出たものとして参考にしたい著作の一つは『みこころへ――三つの聖週の祈り』の祈りの言葉である。これはマニトバ州(カナダ)のトラピスト修道院に滞在していたときに書いたものだが、祈りであるだけに告白性の強いものである。彼は「ああ。主よ、」と神に呼びかけ、こう祈っている。

「誰も私の心の奥深く隠された恐れや孤独が宿っている部分には触れることが出来ませんでした。

主よ。あなただけがその部分をご存じなのです。そこは、私自身にも隠されています。ただ怒りと痛みがひどい時にだけ私はそれに気がつきます。そんな時、私は自分がどれほど孤独なのかを思い知ります。……どのような人であったとしても決して心から取り去ることが出来ない孤独なのです。私の心の最も深い孤独……」(5)。

これは彼の孤独がいかに深いものであるかを述べたものだが、その深さを表現する言葉が見あたらないほどのものである。「心の奥深く隠された孤独」、「心の最も深い孤独」あるいは前述の「闇のなかに独り置き去られたような気持ち」と述べているが、これはふだんは隠されており、ある状況において現れ出てくるようなものだというのである。彼は別の著作でこの孤独を「底知れない寂しさ」といっているが、人がそれに襲われたら、その寂しさをたとえ一瞬でも取り去ってくれる相手にすがりたくなるのは無理もないという理解を示しているほどである。これは「危険な孤独」、「恐ろしい孤独」といってもよいと思うが、ふだんの生活では意識されていないものである。それは心の最深部にあり、ナウエンはその孤独の構造を知っているだけでなく、その孤独と付き合って苦悩していた人だったといえる。

三　ナウエンの孤独の個別性と普遍性

ナウエンの孤独がどのような性格のものであったのか、その状態像の概要をみてきたが、彼の著書を読む者は、ある種の戸惑いを覚えるのではないだろうか。

『放蕩息子の帰郷』(6) をはじめ、数々の著書の中で無条件の「神の愛」、そしてその愛を見えるかたちでわかりやすくさせてくれる「友情」、またさまざまな事象に対する霊的洞察を語ってきた彼自身が、どうしてあのような心の安定感を欠いた「底知れない寂しさ」に襲われてしまうのだろうか。一般に親子関係や友人関係などが破綻し、人を信ずることができなくなってしまい、それまでの関係性が断たれた場合、特別な孤独感に襲われることはある。ところが彼の場合は、抜き差しならぬ孤独感が恒常的にある。いったいこれはどこから出て彼を苦しめたのであろうか。

筆者はこのテーマに直面したとき、大学で発達心理学を教えてきた関係もあって、彼の幼少期が気になった。つまり、ナウエンの自我形成期における両親との関係である。少し横道にそれるが、子どもは生まれると母親（またはそれに代わる養育者）との間に情緒的な関係（絆）を結んでいく。これをアタッチメント（愛着）を形成するというが、これは生理的欲求や愛撫だけではなく、子どもが泣いたり、すがりついたり、微笑んだりするといった働きかけに対して母親が応答する関係の中で形成されていくものである。

子どもはこのアタッチメントという体験をとおして、この世界には自分を決して見捨てない人がいるという安心感や人間への信頼感を獲得していく。これを体と心で体験していくわけであるが、その基本的な形成はおよそ二歳ごろまでに行われる。そうした発達過程（一歳半から三歳ごろ）の中で子どもは母親から分離していく。これを分離‐個体化というが、はじめは分離不安があるもののやがて母親のイメージも安定し、離れて行動することができるようになっていく。

子どもは、これを土台に、四、五歳ごろまでに自分を大切にする能力、いわゆる「自己愛」、また他者を大切にする「対象愛」を発達させていく。わかりやすくいえば、人は人生早期に母親またはその代理を務める者から適切な愛情と保護を受けることによって、自分をあるがままに受け入れ、また他者への温かい対人感情を身につけることができるようになっていくのである。

さて問題はこのような安定した愛着は理想ともいうべきものであって、実際はそれほど簡単にはいかない。ある調査によると子どもたちの三分の一ぐらいは不安定な愛着スタイルで育てられているという。その愛着スタイルは安定型、不安定型をはじめさまざまな型があるが、留意したいのは、それらは生涯を通じて対人関係のあり方や適応スタイルに影響を及ぼすということである。といっても人生におけるさまざまな出会いや出来事によって変化しうるものではある。

さて、ナウエンの孤独の問題を考えていくと、両親（養育者）の養育態度はどのようなものであったのか、愛着形成はどうだったのかと考えざるをえなくなる。安定した愛情と保護に満ちた安全基地があるならば、時として孤独感に襲われるようなことがあったとしても、あの種の孤独感――「闇のなかに独り置き去られたような」、つまり「見捨てられ感」のような孤独感に恒常的に翻弄されることは考えにくいからである。もちろん彼の孤独を愛着理論だけで説明できるものではない。その著作などを丁寧に読むと、かなり複雑で複合的な要因があるようにみえるし、そもそも書物だけで人の内面を十分に理解することは難しい。だからここでは、愛着理論などからわかる部分だけを取り上げてみたいと思う。

生育環境と孤独

ナウエンは豊かな教養と恵まれた教育環境、またしっかりしたカトリック信仰の中で育てられた。彼は長男で下に弟と妹がいた。父親はオランダ政府の公務員を務め、後にニーメンゲン大学の教授ともなった自主性と規律を重んじる、ある意味で厳しい人であった。母親はいつも優しく、ナウエンを励ましてくれる人だったという。世にいう厳父・慈母といった感じであろうか。

このような家族関係は、一見珍しくはないようにみえるが、こと父親に関しては一般的とはいいがたく、母親の愛情を打ち消すような心理的環境となっていたように思えてならない。ナウエンの生涯を綴った『ヘンリ・ナウエン――その生涯とビジョン』の中で著者マイケル・オラフリンはこう述べている。

「ナウエン家は幸せな家族でしたが、ヘンリだけ例外でした。普通の教育を受け一貫した良い学業成績にもかかわらずやや傷つきやすく不安定な少年で、周囲の否定的な雰囲気あるいは微妙な対立を敏感に察知し反応しました。この潜在意識の中にある不安のためにヘンリの家族に対する記憶や感情は、全て楽しく曇りのないものとは言い切れませんでした。

彼は長男としての配慮と支えを充分に受けながらも、不信感そして恥辱の気持ちさえ拭い去ることができませんでした。……（中略）……

ヘンリ自身の家族関係の評価によると、父親と母親は同じくらいの影響力があったものの、その役割は違っていました。父親は自分の独立心と独立独行を誇りにしていました。彼は息子たちに自分の道を切り開いて出世するように促しました。母親はいつも優しく助言をし、常に神と親しく交わり、成功しようが失敗しようがありのままに愛されていることをいつも忘れないようにとさとしていました。ヘンリにとって両親の意見を自分の中で調和させることは難しかったのです。どちらが正しいのか？　当時はそれほどはっきりしていなかったのですが、後になってヘンリが意識するようになった矛盾は一生涯ヘンリを悩ませたのでした」(7)。

父親の独立自主の精神は励みになったにしても「出世するように」という養育態度はナウエンの生涯に影を落とすことになったと思われる。彼は、妻を亡くした父を慰めるために書いた『慰めの手紙』の中ではっきり「あなたは勤勉で、依頼者のためには執拗に戦い、議論に負けることはなく、あるいは少なくとも、負けたと認めることのない人です。……そしてあなたは、自分の目に『落伍者』と映る人に思いやりを見せることは、ほとんどありませんでした」(8)と記しているのです。

こうした価値観や物の考え方の中で生い育つということは、愛されるためには、人生において成功して勝利者にならなくてはならないという脅迫観念に縛られることになってしまう。ナウエンは母から愛され父から励ましを受けていたが、家庭は父親の「成功の哲学」によって支配されていたのではないかと思われる。愛されていても、その愛がわかりにくい環境だったのではないだろうか。彼自身の告白によれば、父と母に幼いころ、いつも「私を愛している?」と聞いていたという。そして彼がその質問を何度も繰り返すために両親は苛立つほどだったというのである。ナウエンの両親は彼を愛し、彼は宗教的にも文化的にも良い影響を受けて育てられてきたことは確かであった。しかし、父親の光の部分だけでなく闇の部分の影響の中で生きなくてはならなかったのである。

心の発達のすべてが両親という心理的環境によるとはいえないが、ナウエンの場合、主として父親との関係において、彼の必要としていた愛情要求・承認要求が充分に満たされることはなかったのではないかと思われる。

さて、幼少期から愛されている自信がないということになると、心の深いところで親とつながっているという感覚が希薄ということであるから、これは換言すれば「孤独」であるということになる。孤独というものは愛されないこと、疎外されること、恐れや不安の中に置かれていることなどと深くかかわっている。ナウエンの孤独の原因のすべてが発達史的問題ではないにしても、その恒常的な孤独感は、父親と母親の生き方がひどく違うというアンビバレントな生育環境の中で、つまり「もしかしたら、自分は愛されていないのではないか」という不安の中で出来上がっていったものではないかと思われてならない。つまり、両親と安定した対象関係を発達させるという点において課題があったのではないかと考えてしまうのである。

社会・文化の病理と孤独

さて加えて留意したい点は、こうした孤独の温床のような父親の完全主義、成功の哲学ともいうべき環境で育てられた後に直面した課題である。ナウエンが司祭として叙階（一九五七年）された後、オランダのナイメーヘン大学やアメリカのメニンガー研究所での学びを経て、ノートルダム大学心理学部やイェール大学神学部での教授として精力的に働いたころの心理的環境である。ことにイェール大学においては、学生たちに大きな影響を与え、ここで世界中で牧会心理学の教科書ともなって今や古典ともなりつつある『傷ついた癒し人』を書いており、彼にとってこの時期は人気を博し、また実りも多い時であったが、そこは学者たちが業績を競い合う競争社会であり、成功者が生き残る世界だったのである。

こうした環境は彼に孤独をもたらした。彼は後に名門ハーバード大学でも教鞭をとることになるが、そこも周囲の評価や視線が気になるような環境であり、居心地の良いところではなかった。彼はその時の経験をこう語っている。「結局私はどんどん深くなっていく闇、学生、同僚、友人そして神からさえも拒絶されたと思う感情、人に認められ愛されたいという過度の欲求、その上どこにも所属していないという深い意識は、神の霊に従っていないというはっきりとしたしるしでした」(9)と。そこでの経験を別の本の中で「真っ暗な場所に一人置き去りにされ」と言っているが、これこそ孤独な闇の世界だったのである。

さて、大学を中心としたナウエンの置かれた世界は幼少期の不安や恐れや孤独を増幅させるような、そして父親の「負けるな、成功せよ」というような声が聞こえてくるような環境だったのではないかと思われる。では、こうした孤独はナウエンの個別的な問題なのだろうか。孤独を現象面からみるとそうかもしれない。しかし、その存在の根底にあるものは普遍的なものであり、現代人の孤独でもある。彼は自分の孤独を告白・露呈するだけでなく、それを現代人の直面している精神的な課題として客観化して『差し伸べられる手』の中で次のように述べている。

「現代社会では、孤独がより先鋭に感じられるようになった。もっとも親密な付き合いさえも、競争やライバル意識になってしまっているのだ。……

孤独は今日の人間の苦しみの元凶として、ごく一般的になっている。精神科医や臨床心理学者はそれが患者が訴える主な苦痛であり、自殺の主な原因であるだけでなくアルコールや薬物の依存症や、さまざまな心身症――頭痛、胃痛、背中の痛みなど――と、多くの交通事故の原因でもあると指摘している。子どもも青年男女も大人も老人も、今の世の中では孤独という伝染病に感染する危険がある。それは激しい競争原理に基づく個人主義が、連帯感や一致、共同体などを勝ち取るべき理想の文化だと説いて、その文化と融合しようとしているからだ。

パーティーや友だち同士の集いのあとで、空虚な思いがしたり、物悲しくなったりするのはどうしてだろう。おそらくそうした場所でも、集まっている人たちが心の奥底でしばしば無意識でさえある競争意識に取り付かれていて、自然な形で自分を表現したり、その場だけの交わりを超えて長続きのする関係を結ぼうとしないからだと思われる[10]」。

この文章からナウエンが伝えようとしている孤独は、単に彼の個別的な世界の問題ではなく現代人の抱えている問題であることがわかる。それは「もっとも親密な付き合いさえも、競争やライバル意識になってしまっている」という、それこそ「激しい競争原理に基づく個人主義が、連帯感や一致、共同体などを勝ち取る」どころか破壊してしまっているような世界、それが現代だというのである。多くの人たちがナウエンの考え方や霊性に親和感を覚えるのは、この現代人の孤独を理解してくれ、その構造を明らかにし、そこに寄り添ってくれる人をみるからであろう。

筆者もこの孤独をめぐる問題については、現代人の心の世界においてもっとも大きな課題であることを心と魂の臨床の経験をとおして実感してきており、二〇〇〇年に次のような文章を『たましいの慰めこころの余裕』（いのちのことば社）の中に書いたことがある。その当時、日本の社会背景の中で考えていた孤独の問題に対する考察だが、今はもっと、それこそ「先鋭に感じられるように」なってきている。

「『共に生きる』ということばが頻繁に使われるようになってきました。これは逆に言えば、そのように生きることを難しくさせているある種の『孤独』がこの時代を覆っているということでもあります。

この『孤独』は、一昔前の哲学的なイメージをもつものとは異なり、現代の社会や文化の病理を背景としていて、孤立や逃避といった性格を帯びたものです。『傷ついた孤独』と言うことができるのでしょうか。

たとえば思春期・青年期の若者の人間関係に、そうした世界が見られます。彼らの多くは、幼少期から常に相対評価（比較）にさらされているため、自分を受け入れ、自分の価値を見いだす意識に乏しく、したがって自信のもてる対人関係を築くのが苦手になっています。

特に親や教師に対しては、自分が受け入れられていないのではないかという恐れや不安を無意識のうちにもっているため、どのくらい依存し、また自己主張していいのかわからず、相手との距離の取り方が心理的にも物理的にもなかなかうまくいきません。そこに長い間否定的な評価によって傷ついてきた若者の孤独を見るのです。

大人の世界も本質的には同じではないでしょうか。いま働きざかりの中高年の多くは高度成長期に競争原理と成功の哲学を刷り込まれて生き抜いてきた人たちです。しかし、そこは力と力が競い合う戦いの世界ですから、意識の程度に個人差はあるとしても、孤独をまぬがれることはできないのです。

このように、私たちは現代の比較や競争の世界の中で、自分が自分のままで交わることのできるような対人関係をもつことが難しくなってしまいました。人はみな、そこに行けば悲しみだけでなく喜びをも分け合うことのできるような、真の意味でほっと憩えるような交わりを求めているのですが、競争社会で受けてきた傷が邪魔になっていて、それが難しくなっています。そこには『傷ついた孤独』の世界が横たわっています。本当の交わりが失われているとも言えます[11]」。

個人の引用が長くなったが、ナウエンのいおうとしている孤独は、筆者の理解では「現代の社会や文化の病理を背景」としており、それは孤立や逃避といった性格を帯びたもので、「傷ついた孤独」といっていいのではないかと思う。相対評価や競争原理に傷ついている現代人は、「その場だけの交わりを超えて長続きのする関係」を結ぶことができない。つまり「自分が自分のままで交わることのできるような対人関係をもつことが難しく」なってしまっている。こうした孤独はさまざまな病理現象を生み出している。ナウエンの味わった孤独と同じ性質の孤独をみなが味わうわけではないが、現代人の心の奥深くにはそれが無意識下に隠蔽されたかたちで存在していると考えてよいと思う。

四 「孤独」から「独りでいること」へ

ナウエンはカトリックの司祭として、ノートルダム大学、イェール大学、ハーバード大学の教師として、また広く霊性の指導者として、その人生の大半を送るが、前述したように孤独の問題は常に存在していた。イェール大学ではサバティカル（研究休暇）をとって、ニューヨーク郊外のジェネシー修道院で祈りと労働の生活を七カ月するのだが、手紙の返事が来ないだけでも孤独を感じ、一人にされるのが怖いといっているほどである。またハーバードでは、彼自身の魂が疲れ、「どんどん深くなっていく闇」とまでいっている。彼は後に、ハーバードを去り、一九八六年にカナダのデイブレイクにあるラルシュ共同体の司祭として最後の働きに従事することになるのだが、孤独の問題が解決されたわけではなかった。召される一年ほど前（一九九五年）に書いた『最後の日記』の中で深刻な孤独感があることを告白的に語っている。

「見捨てられてしまったのではないか、という気持ちにいつも付きまとわれる。こういう気持ちは、なんとたやすく心に入り込み、醜いかま首を持ち上げることかと、いつも驚く。……わたしは幾度も自問する。『なぜおまえはそんなに落ち着かないのか。なぜそんなにいらいらしているのだ、なぜそんなに不安で、寂しくて、見捨てられたと感じるのか？』」(12)。

このように、ナウエンは晩年になってもなお見捨てられ感という感情に翻弄されている。しかし四六時中そうだったのではなく、時として襲われたということである。そして何よりもこのころの大きな特色は、つまりラルシュに来てからは、障害のある人たちの共同体での心が癒やされる交わりや、またその対極のような友情が破綻するという精神的・霊的試練などをとおして、孤独のあり方というよりそれを生き抜く生き方に変化が現れてきたということである。孤独をめぐる霊的旅路の新しい展開と言い換えてもよいと思う。

それは空しさが伴う寂しさを内容とした孤独（ロンリネス、loneliness）から独りでいること（ソリチュード、solitude）のできる、キリスト教信仰の立場からいえば「神と共に独りでいること」のできる世界へ向かう旅路に実質的に移行していったということである。といっても孤独（ロンリネス）に翻弄されなかったということではない。それは『最後の日記』などをみてもよくわかる。しかし、彼はその孤独という「傷」に積極的な意味を見つけ、それをとおして神とつながっていくという道を見いだしていく。単に見捨てられ感を抱えたままではないのである。こう書いている。

「愛情に対する限りない飢え、人々からのけ者にされるのではないかという限りない恐れ――この傷が癒えるとは思えない。いつもわたしを苛む。だが、それにはそれなりの理由があるのだろう。この痛みは、わたしの救いへの入り口、栄光への扉、自由への通路かもしれない！

この傷は、傷のかたちを借りた恩寵だということを、わたしは知っている。人から拒まれるという、短期間ではあったが強烈な経験をわたしは幾たびもした。それは、恐れを乗り越えること、限りなく受け入れてくれる神の手のなかに自分のたましいをゆだねる過程であることが、わかった」(13)。

ナウエンが「痛みはわたしの救いへの入り口、栄光への扉、自由への通路」と述べているところに注目したい。孤独という痛みが救いへの通路になるかもしれないというのである。また数々の苦しみ、ことに傷というものは、「神の手のなかに自分のたましいをゆだねる過程であることが、わかった」ともいうのである。このようにナウエンは、同じ日に「寂しくて、見捨てられたと感じ」てから「自分のたましいをゆだねる」という意識の転換を経験している。孤独（ロンリネス）を覚えながらも独りでいること（ソリチュード）へ心を向けているわけである。

ところで、この孤独（ロンリネス）と独りでいること（ソリチュード）についての意味は前述したとおりであるが、ナウエンは一生涯の課題であったこのテーマについてそれまでどう考えていたのだろうか。ラルシュに来てはじめて問題になったのであろうか。実は彼はこの孤独の心理構造を十分知っていたのである。彼がイェール大学在職中に出版した『差し伸べられる手』（一九七五年）の中にソリチュードのことが論じられている。彼は絶望的な孤独感について記した後、「砂漠から庭園へ」と題してこう書いている。

「霊的な生活を送るためにわたしたちは自分の孤独という砂漠に入って、その場を独りでいられる庭にするように、やさしく忍耐強い努力を続けなければならない。これは勇気だけでなく堅い信仰をも要求する。……孤独が独りきりでいることへ移り変わっていく動きは、あらゆる霊的生活の始まりである」(14)。

ここに霊的生活の基本的な枠組みの一つとしてロンリネスからソリチュードへの移行が語られている。霊的生活とはまさに、この、独りでいられる庭を作るようなものだという。ナウエンはこのことをわかっていたのである。そして学生たちに講義していた。彼自身が葛藤しながらソリチュードに向かっていたわけである。ナウエンが自分の問題を抱えながらソリチュードを講義しているのは意味のあることである。孤独の心理構造とそこからどのように解放されていくことができるのか、その道筋を明らかにするということは、学生たちのためだけでなく、自分が泥沼にはまり込んでも抜け出る道を知っているということであるから、自分を守ることにもなるのである。これは知っているということの意義である。

他者との交わりの土台

さて、このソリチュードについて、もう一つふれなくてはならない肝要な問題がある。それは「独りでいること」、キリスト教的にいえば「神と共に独りでいること」と他者との関係はどうなるのかということである。独り静まっていればいいのかという問題が出てくる。これについてナウエンは、『差し伸べられる手』において「独りで在ることで、他の人々から遠ざけられるのではなく、ほんとうの友情が可能になる」(15)と語り、トラピスト会修道士のトマス・マートン(Thomas Merton)の言葉を引用して他者の問題にふれている。「わたしが真に同胞《はらから》を愛し得るやさしさを見いだしたのは、独りでいることのどん底でのことだった。自分が独りであればあるほど、同胞により深い親愛の情を感じる」(16)という言葉である。

ナウエンは独りでいることが他者に対する愛情を深め、真の共同体の形成を可能にすることをマートンから学び、この他者との関係性をめぐる霊的課題を追究していった。要約的にいえば、それは「独りでいることで、私たちの心の奥にある存在の沈黙にふれ、人間がともに在ることの限界を超えて新たなる心の通いあいに向かうように呼びかける声が発見できる」というのである。その声とは神のことを語っている。ヨハネの第一の手紙四章一九節にある愛し合う世界である。つまりソリチュードによって「内心の統一を感じ取り、同胞である人々、そして神と一致して生きるようになる」という認識に到達するのである。

その意味で他者や共同体(コミュニティー)はきわめて重要な意味をもってくる。この辺りの消息については、ナウエンが晩年に落ち着いた状況の中で、言葉も注意深く選択し、しっかり考えて書いたと思われる黙想書『今日のパン、明日の糧』の中に美しく要約されている。

「一人ぼっちであることから『たった一人のかけがえのない存在』へと変わる時、私たちは他の人々もたった一人のかけがえのない存在だということを喜ぶことが出来るでしょう。たった一人のかけがえのない存在であるということを深く味わうことで、私たちは自分の心に根を下ろします。すぐに満足を与えてくれる人々と一緒にいることを切望する代わりに、たった一人であることは、私たちを、自らの中心へと帰らせ、また他の人々もそれぞれ自らの中心へ帰ってゆくように呼びかける力ある存在へと変えてゆきます。私たちが色々なかたちでたった一人であることは、コミュニティーという家の屋根を支える強くてまっすぐな柱のようなものです。このように、たった一人であるということはコミュニティーを常に強めるものです[17]」。

このようにナウエンにとってソリチュードは、単に自分だけの問題ではなく、他の人々にもそこに向かうことを促し、真の霊的コミュニティーを形成する力となっていくということを意味するものであった。そこにおいてお互いが独りであることを土台にした真の友情が芽生え、その交わりの中で豊かな神との交わりをも経験していくのだとナウエンは考えていた。キリスト教的なソリチュードは、神と人との関係性を豊かにするということなのである。しかし彼は、このソリチュードの世界に、ラルシュの中で簡単に、また論理的にたどり着いたのではない。友情が破綻するというような「魂の暗夜」といわれるような危機的な出来事をとおして体験していったのである。言い換えると、そうした闇を通されて霊的な回復をしていったということなのである。

霊的な回復

ではそのソリチュード（神と共に独りでいること）の中でどのような霊的経験をしていったのか。何がもたらされたのであろうか。それは愛の神の声を聞くということであった。すなわち「あなたは、わたしの愛する子、わたしはあなたを喜ぶ」（マルコの福音書一章一一節、新改訳）という無条件の神の愛の呼びかけを聞いていったのである。彼はこのことを有名な、『放蕩息子の帰郷』の中でこう語っている。

「見捨てられたことの苦しみはあまりにつらく、……とうとうわたしは、感情を発散するより抑制することのほうを選び、独りきりでいられる場所に行くことにした。そこで、その静まり《ソリチュード》の内で、わたしはゆっくりと、ためらいつつ、家に向かって歩み始め、これまで以上にはっきりと、『あなたはわたしの愛する子、わたしの心に適う者』と語りかける声が聞こえるようになった(18)」。

ナウエンは、寂しさと孤独の嵐が押し寄せたとき、ソリチュードの世界において「わたしの愛する子よ」という愛の声を確認したのである。

この愛の声を聞くということは、孤独が蔓延している現代に対して緊急性をもつメッセージであると思う。寂しさを主体としている孤独（ロンリネス）は、同じ経験をしている者を引きつける。孤独と孤独は引き合う。しかしそれは依存関係を生み出し、その関係が極度に深まると、ささいなことが切っかけで関係が破綻することがある。現代はまさに人間関係が破綻しやすい時代である。破綻が恐ろしいため親密な関係を作ることができなくなってもいる。こうした時代へのメッセージは、無条件の愛の声を聞くことなのである。孤独は「わたしの愛する子よ」と呼びかける愛の神との人格的な交わりをとおして解決していくのだということを『放蕩息子の帰郷』は語っている。ナウエンの全生涯の霊的旅路は、ロンリネスからソリチュードへの移行の旅といっても過言ではない。

五　孤独が問いかけるもの

さて、ナウエンの人生と思想からは、キリスト教霊性、牧会心理学、牧会カウンセリングなど、とくにそれらの統合に関して多くの学ぶべきところがあるが、ここではナウエンの実存と霊性の本質にかかわる、いわば抜き差しならぬ問題である「孤独」に限定して論じてきた。最後に筆者がナウエンの孤独と現代人の孤独をめぐって考えさせられてきた三つの課題について考察したいと思う。

第一はナウエンの孤独の普遍性についてである。振り返って彼の孤独感を考えてみると、きわめて個別的な色彩を帯びているように見える。晩年になっても孤独という傷を負ったまま生きて、常にその痛みの中にあることを、著書は随所で記している。その特異性に驚きを感じる。しかしよくよく考えていくと、彼の孤独感は個別性が強くはあるものの、その叫びは現代人の抱えている孤独と恐れと不安であり、彼はこの問題で悩んでいる人たちの代弁者のように映る。その意味で彼が身をもって明らかにした「孤独」は普遍的なものではないかと思う。

現代、とりわけ情報が世界的規模において流通し、人々の価値観や物の考え方が多様化・相対化したいわゆるポストモダンの時代（とくに一九八〇年以降）においては、共同体や一定の枠組みをもった組織などが崩れ、個人が自由になったものの、結果として孤独が広がってしまった。家族関係や人間関係は希薄になり、人との絆やつながりが薄れ、孤独、孤立、孤絶といった世界が広がってきた。そうなると、人は生物学的には生存できても、「生きる」ということが難しくなってしまうのである。

現代人の多くはこの「生きる」ことの苦悩を感じている。つまり孤独の中に放り出されているからである。人によっては、この放り出されているような意識が強く、「見捨てられ感」を抱いている。この感情が著しく重くなり、精神病理学的な問題にまで発展してしまっている人たちも多くなってきているのが現代である。たとえ病理とまでいかなくても、多くの人たちが生きづらさを感じ孤独感をもっている。もっともそう感じていないという人たちもいるが、その多くは、仕事を増やし人間関係のネットワークを広げることによって孤独感や見捨てられ感を隠蔽しているのである。これは手っ取り早い方法である。いずれにしても孤独感や見捨てられ感は、表れ方や処理方法は異なれ、現代人の心理の特色であり、普遍的なものなのである。

このような時代にその孤独感の内的体験や心理構造を外に表したナウエンに共感と連続性を覚えるのは当然の帰結であろうと思う。「苦しみを理解してくれる人」が現れた、「私が感じてきたこと、考えてきたことを理解してくれる人」が登場した、ということであろう。またそれだけでなく、ナウエンが自分の孤独という傷をとおしてイエスの孤独、何よりも人々から見捨てられたイエスをみて、そこに最大の救いと慰めを得ていた事実を考えると、ナウエンを本格的に学ぶ人はイエスに向かわざるをえないであろう。

さて、このナウエンが問いかけている孤独の問題についてふれておきたい第二の課題は、前述したロンリネスとソリチュードの概念と体験の整理に関することである。やや主観的な要素があるが、ナウエンの孤独を正しく理解するためには必要な論点ではないかと思う。ナウエンの孤独（ロンリネス）は今まで述べてきたように、普通の人がもってはいても意識には昇らないようなレベルの孤独感を伴っているものであった。それは、寂しく、見捨てられたような、置き去りにされたような、愛されていないのではないかという孤独であった。これは哲学的にいえば、実存的な孤独と言い換えてもいいかもしれない。心の最深部における孤独である。

しかし、この孤独は司祭としての最後のミニストリー（奉仕）であるラルシュ共同体において変化をみせてきたように思う。それは、「独りでいる」（ソリチュード）の世界である。正確にいえば「神と共に独りでいること」である。これについては、すでに述べたとおりであるが、ここで説明を要することは、ロンリネスからソリチュードに移行したから、もはや寂しさや見捨てられ感に揺さぶられるようなことはなくなってしまい、心の表層面における感情や思考が波打たないということではない。これはナウエンの『最後の日記』などをみればよくわかる。

したがってソリチュードとは、ロンリネスに翻弄されることはあっても、常にそれに巻き込まれないで愛の神につながっていることのできる状態といってよいと思う。心理学的にいえば、孤独という感情の「昇華」、哲学的にいえば「止揚」といってもよいかもしれないが、内容的には本質的に異なっている。なぜならソリチュードは単なる静寂や安定ではなく、他者である神との温かな人格的なつながりにおける世界だからである。このことがわかっていないと、ナウエンのソリチュードの理解を間違うことになる。

さて、もう一つ孤独をめぐって押さえておかなくてはならない論点がある。それは、孤独は神へつながる契機となるだけでなく、そのつらさ・苦しさを知っていることが、人間理解の源泉でもあり、魂の癒やしへの奉仕となっていくということである。これはナウエンが『傷ついた癒し人』の中で述べている見落としてはならない孤独のもつ積極的意義である。その四章の「傷ついた牧師」の項に次のように記されている。

「キリスト者の生き方は、孤独を取り除くことではなく、孤独を尊い贈り物として保護し、大切にするのである。時々私たちは、人間の基本的な孤独に直面する苦痛を何とかして避けようとしていろいろな試みをし、目先きの満足と手軽な気休めとを約束する偽りの神々の罠にかかることがある。しかし孤独を適切に味わうことは、私たちの限界を超え、私たちの存在の境界の彼方を見るための招きであるかもしれない。孤独を意識することは、私たちが保護し防衛しなければならない贈り物であるかもしれない。……（中略）……

……孤独は非常に苦痛な傷であり、ややもすれば否定し無視したくなる傷である。しかしながら、苦痛がひとたび受け入れられ理解されると、否定はもはや不必要となり、ミニストリーは癒しの奉仕となることができるのである(19)」。

孤独は取り除くものではなく、人生における贈り物として受け取り、それを人間理解と奉仕のために用いていくという認識は、優れた苦難の哲学であり、神学といってよいであろう。傷を「大切にする」という言葉は、自分自身を大切にするということである。「傷を愛する」といった人、「傷を抱きしめて生きる」といった人がいるが、これはナウエンが「贈り物」といった世界に通じるのだと思う。

六　おわりに

「ナウエンの孤独が問いかけるもの」について考えてきたが、最後に結論に代え、筆者が孤独について歴史的な観点から考えてきた問題についてふれて本稿を閉じることにする。それはナウエンがデイブレイクのラルシュ共同体にたどり着いたこととかかわりのある事柄である。

周知のように、西洋の近代哲学はフランスの哲学者であり、数学者であったルネ・デカルトの「我思う、ゆえに我あり」（コギト・エルゴ・スム）から出発した。この命題は疑いえないほど「明晰判明」なことであって、デカルトにとって真理の基準はこの明晰判明ということであった。そしてもっとも明晰なものは「精神」であると主張したのである。その精神とは合理的理性であって、事物の確実な認識はこの精神による以外に存在しないとした。彼はこの精神（自我）とそれがとらえる対象である物質を分離する二元論を打ち立てた。このいわゆる「近代的自我」は、自我の解放・独立宣言と言い換えてもよいものであった。

ところで、この近代の二元論が自然科学の発展に寄与したわけであるが、大きな課題を残すことになった。それは「個の独立」を促進させ、隣人との関係は希薄にならざるをえなくなり、共同体は形態的に存在しても温かさやつながりといったものを失う組織に変容せざるをえなくなっていくという結果を生み出してしまったのである。つまり近代的自我は個人主義的な自我を肥大させてしまった、端的にいえば「孤独」を生み出してしまったということなのである。言い換えると、自己実現を中心とした近代的自我は、人間が人間らしく生きていくための共同体（コミュニティー）を捨ててしまったということなのである。

この影響は西洋近代思想を取り入れた日本人の精神世界にも大きな影響を与え、「自己実現」の追求による孤独な自我の出現をもたらした。これは現代日本においてますます先鋭化している。つながりとか絆という言葉が叫ばれれば叫ばれるほど、その対極に「孤独」な世界があることを感じる。

今求められているのは、このいわば近代的自我がもたらした孤独な世界から、互いに愛をもって共に生きることを大切にする真の共同体（コミュニティー）の形成をしていくことではないかと思う。筆者はナウエンの孤独に、発達史的な問題や彼の置かれた競争社会などさまざまな問題が複合していることを指摘したのであるが、デカルト以来の近代的自我・二元論の残した課題が今なお精神世界の根底にあることを今後解決すべき課題として付加し、ヘンリ・ナウエンの孤独についての考察を終えたいと思う。

注

（1） H・J・M・ヌーウェン『傷ついた癒し人――苦悩する現代社会と牧会者』西垣二一、岸本和世訳、

日本基督教団出版局、一九八一年。Nouwen, Henri J.M., *The Wounded Healer, Ministry in Contemporary Society*, Doubleday, 1972; *The Living Reminder: Service and Prayer in Memory of Jesus Christ*, Seabury Press, 1977.

（2）ジャン・バニエ『人間になる』浅野幸治訳、新教出版社、二〇〇五年、一三頁。Vanier, Jean, *Becoming Human*, Paulist Press, 1998.

（3）同上。

（4）ヘンリ・J・M・ナウウェン『差し伸べられる手——真の祈りへの三つの段階』三保元訳、女子パウロ会、二〇〇二年、一九、二二頁。Nouwen, Henri J.M., *Reaching Out: The Three Movements of the Spiritual Life*, Doubleday, 1986.

（5）ヘンリ・J・M・ナウエン『みこころへ——3つの聖週の祈り』浜屋憲夫訳、聖公会出版、二〇〇一年、一九頁。Nouwen, Henri J.M., *Heart Speaks to Heart: Three Prayers to Jesus*, Ave Maria Press, 1989.

（6）ヘンリ・ナウエン『放蕩息子の帰郷——父の家に立ち返る物語』片岡伸光訳、あめんどう、二〇〇三年。Nouwen, Henri J.M., *The Return of the Prodigal Son: A Meditation on Fathers, Brothers, and Sons*, Doubleday, 1992.

（7）マイケル・オラフリン『ヘンリ・ナウエン——その生涯とビジョン』廣戸直江訳、聖公会出版、二〇一二年、六—八頁。O'Laughlin, Michael, *Henri Nouwen: His Life and Vision*, Orbis Books, 2005.

（8）ヘンリ・J・M・ナウエン『慰めの手紙』秋葉晴彦訳、聖公会出版、二〇〇一年、五八―六一頁。Nouwen, Henri J.M., *A letter of Consolation*, Haper SanFrancisco, 1982.

（9）オラフリン『ヘンリ・ナウエン』、一一七頁。

（10）ナウウェン『差し伸べられる手』、二〇―二一頁。

（11）堀肇『たましいの慰めこころの余裕』いのちのことば社、二〇〇〇年、一四、一五頁。

（12）ヘンリ・J・M・ナウウェン『最後の日記――信仰と友情の旅』太原千佳子訳、女子パウロ会、二〇〇二年、五〇頁。Nouwen, Henri J.M., *Sabbatical Journey: The Diary of His Final Year*, Crossroad, 1998.

（13）同上書、五一頁。

（14）ナウウェン『差し伸べられる手』、三四頁。

（15）同上書、四七頁。

（16）同上。

（17）ヘンリ・J・M・ナウエン『今日のパン、明日の糧』嶋本操監修、河田正雄訳、聖公会出版、改訂版、二〇〇一年、五四頁。Nouwen, Henri J.M., *Bread for the Journey: A Daybook of Wisdom and Faith*, HaperCollins, 1997.

（18）ナウエン『放蕩息子の帰郷』、六八頁。

（19）ヌーウェン『傷ついた癒し人』、一一八―一二二頁。

あとがき

本書は、編者のひとり、堀肇先生が「はじめに」においてその経緯を記されていますように、「臨床死生学研究」の一環として開催されたシンポジウム記録をもとにしています。これまでは、研究会の成果は、「臨床死生学研究叢書」に収めてきました。このシンポジウムの記録も当初は、叢書の第五巻に収録する予定でした。しかし、編者の平山正実先生が二〇一三年十二月十八日に急逝され、第五巻に収録することになっている他の論文が揃うのに時間がかかることが予想され、出版が遅れることが懸念されました。そこで、ひとつのまとまりとして、シンポジウムの記録を中心に新たな論文を加え、『ヘンリ・ナウエンに学ぶ——共苦と希望』として出版することにいたしました。堀肇先生には、シンポジウムの司会をお願いし、もともとナウエンには大変関心をもっておられることはうかがっていましたが、企画の変更をご理解くださり、急遽、ナウエンについての論文をご執筆くださいました。また原稿だけでなく、本書の編者にもなってくださいました。ここに記して感謝を申し上げます。なお「臨床死生学研究叢書」の第五巻は、平山先生のご遺志を引き継いで、編者を決め、刊行することになります。いましばらくお待ちいただくことをお願いします。

ところで、平山先生は、臨床死生学研究でなぜナウエンを取り上げるのかは、あまり詳しくは語られませんでした。また平山先生がナウエンに言及されるようになったのは比較的最近のことであったと思います。いまなぜ臨床死生学においてナウエンなのか、この問いに対する手がかりは、おそらく原稿としては最後に書かれたものであろう「境界線を生きる人ナウエン」の中に示されているように思います。

平山先生は、精神科医として活動をしてこられましたが、その領域は大変広く、精神医療の問題を解決するために、活動的でした。

第一の領域は、「北千住旭クリニック」における精神科医としての活動です。治療とともにデイケアの活動をし、障がいのある方々が、日常生活を送ることに支障がないように支援をしてこられました。そして晩年に精力を注いで構築に打ち込まれたのが、地域の方々との共生と自立支援の仕組みをつくることです。足立区北千住に、精神障がいのある方々が通い、自立した日常生活と社会生活を営むための「地域活動支援センターかなめ」を昨年の一月に立ち上げられました。

第二の領域は、自死の防止対策、そして遺族に対する支援の活動です。ＮＰＯ「グリーフケア・サポートプラザ」や「二次被害者保護法」法制化に向けての自死遺族支援があります。

第三は、緩和ケア、遺族に対するグリーフケアなどの臨床死生学の領域です。

これらの平山先生の活発な活動の基盤をなすのが、「傷ついた癒やし人ナウエン」の思想ではないか、と思います。平山先生はナウエンのように自己開示をすることはあまりなかったと思いますが、ナウエンを論じる中で、さまざまな境界線を生きるご自分の精神の緊張を語っておられるのではないか、と思います。

本書は、著書が数多く翻訳され、深い影響を与えているナウエンに学ぶことが主題であることはもちろんですが、同時に、平山先生の精神医学の基盤にあるものを理解するためにも不可欠の文献になると思います。

本書をまとめるにあたり、企画の変更などがあり、聖学院大学出版会の花岡和加子さんには大変なご苦労をおかけしました。最後になりましたが、感謝を申し上げます。

二〇一四年三月七日

聖学院大学総合研究所

山本　俊明

ウエンの主著を紹介している。ナウエンについての講演の他、霊性セミナーの講師として活動。
〔**著書**〕『現代に生きるキリスト者と「霊性」』（共著、いのちのことば社、1998年）。
〔**訳書**〕ハワード・A・スナイダー『神の国を生きよ』（共訳、あめんどう、1992年）。『愛されている者の生活――世俗社会に生きる友のために』（あめんどう、1999年）。ヘンリ・ナウエン著、ティモシー・ジョーンズ編『嘆きは踊りに変わる――苦難のなかの希望』（同、2006年）。ヘンリ・ナウエン著、マイケル・オラーリン編『ナウエンと読む福音書――レンブラントの素描と共に』（同、2008年）。

黒鳥　偉作（くろとり　いさく）

2009年自治医科大学医学部卒業。神奈川県立足柄上病院にて初期臨床研修後、2011年より津久井赤十字病院にて内科医として勤務。日本キリスト教団戸塚教会補教師。2013年聖学院大学大学院にて平山正実氏の講義する臨床死生学研究およびグリーフケア特論を補佐。
〔**著書**〕『イノチを支える――癒しと救いを求めて』黒鳥偉作・平山正実対話集（共著、キリスト新聞社、2013年）。『臨床現場からみた生と死の諸相』（共著、聖学院大学院出版会、2013年）。

平山　正実（ひらやま　まさみ）

横浜市立大学医学部卒業。自治医科大学助教授（精神医学）、東洋英和女学院大学大学院教授（死生学、精神医学）を経て、聖学院大学総合研究所・大学院（人間福祉学部こども心理学科）教授、医療法人財団シロアム会理事長。精神科医。医学博士、精神保健指定医。
〔**著書**〕『臨床現場からみ生と死の諸相』（編著、聖学院大学出版会、2013年）。『死別の悲しみを学ぶ』（編著、同、2012年）。『癒やしを求める魂の渇き――スピリチュアリティとは何か』（共著、同、2011年）。『死別の悲しみから立ち直るために』（編著、同、2010年）。『死別の悲しみに寄り添う』（編著、同、2008年。『見捨てられ体験者のケアと倫理――真実と愛を求めて』（勉誠出版、2007年）。『人生の危機における人間像――危機からの創造をめざして』（聖学院大学出版会、2006年）。『はじまりの死生学――「ある」ことと「気づく」こと』（春秋社、2005年）。『心の病気の治療がわかる本』（法研、2004年）、ほか。

著者紹介（掲載順）

堀　　肇（ほり　はじめ）

鶴瀬恵みキリスト教会牧師、聖学院大学大学院非常勤講師、聖学院大学総合研究所カウンセリング研究センター牧会電話相談カウンセラー、ルーテル学院大学非常勤講師、日本パストラルケア・カウンセリング協会事務局長、臨床牧会スーパーヴァイザー（PCCAJ 認定）。社会福祉法人東京いのちの電話評議員、社会福祉法人キングスガーデン埼玉評議員等を務める。NHK 学園講師（聖書講座）等も歴任。日本福音主義神学会会員、日本家族心理学会会員。

〔**著書**〕『被災者と支援者のための心のケア』（共著、聖学院大学出版会、2011年）。『こころの散歩道』（いのちのことば社、2008年）。『たましいの慰めこころの余裕』（同、2000年）。『福音主義神学における牧会』（共著、同、2003年）。『心で読む聖書のにんげん模様』（いのちのことば社マナブックス、2009年）。『心の部屋を空けて』（同フォレストブックス、2006年）。『こころにやさしく』（CLC 出版、1996年）など。

〔**訳書**〕メアリー・ジョスリン文、クレア・リトル絵『さよならボート』（いのちのことば社フォレストブックス、2003年）。

大塚　野百合（おおつか　のゆり）

1994年まで恵泉女学園大学に奉職、現在同大学名誉教授（英文学）。
1982年から１年間のイェール大学神学部留学中、ヘンリ・ナウエンに出会う。その後、講演や著作などをとおし、ライフワークとしてナウエンを多くの人々に紹介している。

〔**著書**〕『ヘンリ・ナウエンのスピリチュアルメッセージ――レンブラントの名画「放蕩息子の帰郷」をめぐって』（キリスト新聞社、2004年）。『あなたは愛されています――ヘンリ・ナウエンを生かした言葉』（教文館、2009年）。『感動ものがたり――魂をゆさぶった人たち』（教文館、2011年）。『「主われを愛す」ものがたり――賛美歌に隠された宝』（教文館、2013年）。賛美歌シリーズ全五巻（創元社）など。

小渕　春夫（おぶち　はるお）

1992年より出版社あめんどうの代表。後藤敏夫訳『イエスの御名で――聖書的リーダーシップを求めて』（あめんどう、1993年）の出版以来、ヘンリ・ナ

ヘンリ・ナウエンに学《まな》ぶ――共苦《きょうく》と希望《きぼう》

2014年3月31日　初版第1刷発行
2018年2月1日　　　第3刷発行

編著者　平山正実
　　　　堀　　肇
発行者　清水正之
発行所　聖学院大学出版会

〒362-8585　埼玉県上尾市戸崎1番1号
電話 048-725-9801
Fax. 048-725-0324
E-mail: press@seigakuin-univ.ac.jp

ISBN978-4-907113-08-7　C0016

神学と文学 ―― 言語を機軸にした相関性

T・R・ライト 著、山形和美 訳

四六判 436頁　ISBN978-4-915832-81-9（2009）　5,000円（本体）

ソーシャルワークを支える宗教の視点 ―― その意義と課題

ラインホールド・ニーバー 著、髙橋義文・西川淑子 訳

四六判 220頁　ISBN978-4-915832-88-8（2010）　2,000円（本体）

愛に生きた証人たち —— 聖書に学ぶ

金子晴勇・平山正実 編著

四六判 380頁　ISBN978-4-915832-82-6（2009）　2,400円（本体）

第Ⅰ部　旧約聖書

アブラハム　——神への信仰の試練　（平山　正実）
モーセ　——とりなしの愛　（並木　浩一）
ダビデ　——神への畏れと信頼　（藤原　淳賀）
ホセヤ　——いつくしみの愛　（平山　正実）
ヨブ　——苦難の意義　（平山　正実）
コヘレト　——知恵の探求とその挫折　（金子　晴勇）
雅歌　——花嫁の愛　（金子　晴勇）

第Ⅱ部　新約聖書

イエス　——罪ある女の物語　（小河　陽）
ペトロ　——イエスを愛した男　（吉岡　光人）
ユダ　——イエスを裏切った男　（佐竹十喜雄）
ヨハネ　——愛のいましめ　（土戸　清）
パウロ　——苦難と弱さの理解　（高橋　克樹）
マルコ　——自立と愛　（坂野　慧吉）

自由に生きる愛を生きる —— 若い人たちに贈る小説教集

倉松　功 著

四六判 262頁　ISBN978-4-915832-80-2（2009）　2,200円（本体）

第Ⅰ部　人間と社会

学ぶことの基礎——主を畏れることは知恵のはじめ／
二つの人間観／自然環境に対する人間の責任／人間の尊厳の根拠／
価値多元社会を形成するために／愛を生きる　ほか

第Ⅱ部　キリスト教学校と礼拝

礼拝から始まる／真理を学ぶ礼拝／礼拝の最終目的／
個人の賜物／私たちの基準と神の基準／偽善から解放される　ほか

第Ⅲ部　聖書の教え

聞くことに始まる——私たちにおけるクリスマス／
聖なる者との出会い／自己絶対化の罪／隣人愛とは何か　ほか

スピリチュアルケアを学ぶ4

スピリチュアルケアの実現に向けて　窪寺俊之 編著

――「第18回日本臨床死生学会大会」の取り組み

ISBN978-4-907113-05-6　(2013)　2,300円（本体）

〈スピリチュアルケアを学ぶ〉シリーズのご案内

スピリチュアルケアを学ぶ 1

癒やしを求める魂の渇き **窪寺俊之 編著**

――スピリチュアリティとは何か

ISBN978-4-915832-90-1（2011）　1,800円（本体）

スピリチュアルケアを学ぶ 2

スピリチュアルペインに向き合う **窪寺俊之 編著**

――こころの安寧を求めて

ISBN978-4-915832-94-9（2011）　2,200円（本体）

スピリチュアルケアを学ぶ 3

スピリチュアルコミュニケーション **窪寺俊之 編著**

――生きる希望と尊厳を支える

ISBN978-4-907113-02-5（2013）　2,200円（本体）

臨床死生学研究叢書 3

死別の悲しみを学ぶ　平山正実 編著

ISBN978-4-915832-91-8（2012）　4,000円（本体）

臨床死生学研究叢書 4

臨床現場からみた生と死の諸相　平山正実 編著

ISBN978-4-907113-03-2（2013）　4,000円（本体）

〈臨床死生学研究叢書〉のご案内

臨床死生学研究叢書 1

死別の悲しみに寄り添う

平山正実 編著

ISBN978-4-915832-76-5（2008）　3,400円（本体）

Ⅰ

臨床医の診た生と死の風景　梅谷　薫
がん告知に対する態度から考察した日本人の死生観　安達富美子
在宅緩和ケアシステムにかかわる官民連携協力体制の構築
——市民グループの立場から　海野志ん子

Ⅱ

HIV 薬害被害遺族におけるグリーフケア　村上　典子
親を亡くした子どもの死の理解　村上　純子
子どもを喪った遺族に対するグリーフケア
——先天性心疾患で子どもを亡くした親の
悲嘆体験からの考察　宗村　弥生

Ⅲ

悲嘆と物語——喪の仕事における死者との関係　小高　康正
自殺者遺族の悲嘆援助について
——キリスト教的臨床死生学の立場から考える　平山　正実

臨床死生学研究叢書 2

死別の悲しみから立ち直るために

平山正実 編著

ISBN978-4-915832-83-3（2010）　4,000円（本体）

Ⅰ　臨床医学における死とグリーフワーク

遺族外来からみえてきたもの　大西　秀樹
がん患者を親にもつ子どもへの症状説明と予期悲嘆　小島ひで子
闘病記とグリーフワーク——遺族が書くことの意味　門林　道子

Ⅱ　社会における死とグリーフワーク

在宅医療におけるホスピスケア
——実現に向けての教育とシステム構築の提案　大西奈保子
自殺と責任をめぐって
——自殺予防と自死遺族の悲嘆克服のために　五十子敬子
カンボジア大量虐殺からの悲嘆克服への道程
——民族のグリーフワークを考える　吹抜　悠子

Ⅲ　宗教によるグリーフワークの意義と問題

グリーフ（悲嘆）ケアにおいて、物語ることの意味
——スピリチュアルな視点からの援助　高橋　克樹
「宗教的思考」から「スピリチュアルな思考」へ
——H·S·クシュナーの悲嘆を中心に　窪寺　俊之
うつ病者の病的罪責感と回復をめぐって
——そのキリスト教人間学的考察　平山　正実

〈福祉の役わり・福祉のこころ〉シリーズのご案内

A5判ブックレット

福祉の役わり・福祉のこころ **阿部志郎 著**

ISBN978-4-915832-78-9（2008）400円（本体） 品切れ

講演：福祉の役わり・福祉のこころ
対談：阿部志郎・柏木　昭――福祉の現場と専門性をめぐって

福祉の役わり・福祉のこころ2

与えあうかかわりをめざして **阿部志郎・長谷川匡俊・濱野一郎 著**

ISBN978-4-915832-87-1（2009）600円（本体）

阿部志郎：愛し愛される人生の中で
濱野一郎：横浜市寿町からの発信
長谷川匡俊：福祉教育における宗教の役割

福祉の役わり・福祉のこころ3

とことんつきあう関係力をもとに **岩尾　貢・平山正実 著**

ISBN978-4-915832-89-5（2010）600円（本体）

岩尾　貢：認知症高齢者のケア
――「○○したい」という生きる上での尊厳と自己実現の重視
平山正実：精神科医療におけるチームワーク――チームワークの土台を支えるもの

福祉の役わり・福祉のこころ4

みんなで参加し共につくる **岸川洋治・柏木　昭 著**

ISBN978-4-915832-92-5（2011）700円（本体）

岸川洋治：住民の力とコミュニティの形成――住民のためではなくて住民と共に
柏木　昭：特別講義　私とソーシャルワーク

福祉の役わり・福祉のこころ5

生きがいを感じて生きる **日野原重明 著**

ISBN978-4-915832-99-4（2012）700円（本体）

なぜホスピスが必要か――生きがいを感じて生きる
いのちの教育――生きがいと時間

福祉の役わり・福祉のこころ6

「いま、ここで」のかかわり **石川到覚・柏木　昭 著**

ISBN978-4-907113-01-8（2013）700円（本体）

石川到覚：宗教と福祉――仏教福祉の立場から
柏木　昭：特別講義　人間福祉スーパービジョン
――グループスーパービジョンの経験を通して
